건강오름

일러두기

이 책에서 소개하는 레시피는 건강의 이점을 높이는 용도이며, 음식의 섭취만으로 의학적 진료를 대신할 수는 없습니다. 또한 사람의 체질이나 건강 상태에 따라 음식의 효능이나 반응은 상이할 수 있으니, 다양한 음식을 접하면서 본인에게 맞는 음식을 찾는 것이 무엇보다 중요합니다.

내 몸의 건강을 위해 정확히 알고 제대로 먹는 방법

치매 예방에 좋은 음식

당뇨병, 혈당 관리에 좋은 음식

뇌 건강에 좋은 음식

식탁 위

혈압 관리에 좋은 음식

뼈, 관절, 근육 건강에 좋은 음식

면역력 강화에 좋은 음식

건강오름

건강오름 김군 김한열 지음

Booksgo

(*Prologue*)

오늘 하루도 건강하세요

돈을 잃으면 조금 잃는 것이요,
명예를 잃으면 반을 잃는 것이요,
건강을 잃으면 전부를 잃는 것이다.

삶의 전부라고 해도 과언이 아닐 정도로 건강은 매우 중요합니다. 저는 학교를 졸업하고 사회생활을 하면서부터 불규칙한 식습관과 스트레스 등으로 건강이 나빠지기 시작했습니다. 한 달에 한두 번씩 병원을 방문했고 약을 먹었습니다. 책상 위에는 항상 여러 종류의 약과 건강식품들이 가득했습니다. 하지만 약을 먹어도 잠깐의 효과만 있을 뿐 늘 몸이 힘들고 아팠습니다.

이대로는 안 되겠다 싶어 근본적인 원인을 찾고자 여러 논문과 연구 자료 등을 살펴보며 알게 된 원인이 바로 '음식'이었습니다. 그때부터 음식을 점검하기 시작했습니다. 여러 자료(국제암연구기관 등)를 보며 암을 비롯한 수많은 질병의 원인으로 매일 먹고 마시는 음식을 꼽는다는 것을 알았습니다. 결국 올바른 방법으로 제대로 먹는다면 암의 예방과 개선도 할 수 있다는 것입니다.

그래서 음식에 신경을 쓰기 시작하였습니다. 당시 연구원이었던 저는 해외 논문이나 연구 자료를 다루는 데에 거부감이 없었기에 '음식'과 '건강'에 대해 알아볼 수 있는 기회가 많았습니다.

하지만 인터넷에 퍼져 있는 건강 관련 자료는 너무나 방대했고, 이 사람과 저 사람의 말이 달라 오히려 혼돈만 일으켰습니다. 또한 이론은 무성한데, 실제로 일상생활에 적용하거나 활용할 수 있는 정보와 레시피는 많지 않았습니다.

그때부터 관련 자료를 하나씩 정리하며 직접 먹어 보고 몸의 변화를 살피는 실험을 하게 되었습니다. '왜?'라는 궁금증을 해결하기 위해 음식의 특징과 조합, 조리와 섭취 방법 등을 폭넓게 조사하였습니다.

수년간 저만의 자료와 레시피가 하나씩 쌓여가면서 건강이 좋아지는 것을 느꼈고, 실제 건강검진을 통해 몸이 회복되는 것을 확인하였습니다. 물론 음식을 제 방식대로 '잘' 먹어서 건강이 좋아졌다고 단정 지을 수는 없겠지만, 몸소 겪은 부분은 주변 사람에게도 공유하게 되었습니다.

그렇게 유튜브를 시작하였습니다. 나와 비슷한 고민을 하는 사람들을 위해 자료들을 영상으로 제작하여 하나씩 업로드하기 시작했습니다. 초반에는 서툴고 부족하였지만, 영상이 하나씩 늘어가면서 사람들의 반응을 살피고 조금 더 쉽게, 더 정확한 정보를 제공하기 위해 노력했습니다. 그 덕분에 많은 사람이 구독해 주는 건강 유튜브 채널이 되었습니다. 지금도 이런 사실이 믿기지 않을뿐더러 너무나도 감사합니다.

유튜브를 시작하면서 좀 더 집중적으로 건강 관련 정보와 제품을 개발하고 있습니다. 아직은 시작하고 있는 단계지만, 좋아하는 일을 업으로 할 수 있다는 것과 누군가에게 도움을 줄 수 있다는 것에 보람을 느낍니다.

또한 좋은 기회로 책을 출간하게 되면서 지금까지 만든 자료들을 다시 한번 정리하게 되었습니다. 특히 매일 먹는 음식을 더 효과적으로 먹기 위해 간단한 레시피도 함께 정리하였습니다.

모든 음식은 사람의 체질과 건강 상태에 따라 상이하게 작용할 수 있다는 점을 염두에 두고, 조금씩 먹어 보면서 자신에게 잘 맞는 음식을 찾는 것이 아주 중요합니다. 식재료는 조합과 조리 방법에 따라 건강에 긍정적인 영향을 줄 수 있으

며, 건강한 식습관이 지속된다면 전반적인 건강 관리에도 큰 도움을 줄 수 있습니다.

우리가 매일 먹는 음식이 오늘 우리의 건강과 삶의 질을 바꿀 수 있다고 생각합니다. 이 책을 통해 많은 사람이 아주 조금이라도 더 건강한 식사를 할 수 있기를 바랍니다.

오늘 하루도 건강하세요~

건강오름 김균 김한열

(Contents)

프롤로그 오늘 하루도 건강하세요 · 004
음식의 효능 · 010

가지 · 016	귤 · 045	당근 · 076
감자 · 019	김 · 048	대추 · 079
강황 · 022	깻잎 · 051	대파 · 082
검은콩 · 025	꿀 · 054	더덕 · 085
결명자 · 028	냉이 · 058	두릅 · 088
계피 · 031	다시마 · 061	두부 · 091
고구마 · 034	단감 · 064	두유 · 094
고구마순 · 037	단호박 · 067	들기름 · 097
고추(풋고추) · 039	달걀 · 070	딸기 · 100
곤드레 · 042	달래 · 073	레몬 · 104

ㅁ~ㅅ

- 마늘 · 107
- 마늘종 · 110
- 매생이 · 113
- 메밀 · 116
- 멸치 · 119
- 명이나물 · 122
- 무 · 124
- 무화과 · 127
- 미나리 · 130
- 미역 · 133
- 바나나 · 136
- 밤 · 139
- 방풍나물 · 142
- 배 · 145
- 배추 · 148
- 보리차 · 151
- 복숭아 · 154
- 봄동 · 157
- 부추 · 160
- 브로콜리 · 163
- 블루베리 · 166
- 비트 · 169
- 사과 · 172
- 상추 · 175
- 새송이버섯 · 178
- 생강 · 181
- 세발나물 · 184
- 소고기 · 186
- 수박 · 189
- 숙주 · 192
- 시금치 · 195
- 시래기 · 198
- 식초 · 201
- 쑥 · 204

ㅇ~ㅎ

- 애호박 · 207
- 양배추 · 210
- 양파 · 213
- 연근 · 216
- 오렌지 · 219
- 오리고기 · 222
- 오이 · 224
- 옥수수 · 227
- 우엉 · 230
- 우유 · 233
- 자두 · 236
- 잡곡밥 · 239
- 쪽파 · 242
- 참외 · 245
- 청경채 · 248
- 체리 · 251
- 취나물 · 253
- 커피 · 256
- 콜라비 · 259
- 콩나물 · 262
- 키위 · 265
- 토마토 · 268
- 팽이버섯 · 271
- 포도 · 274
- 표고버섯 · 278
- 홍시 · 281

음식의 효능

음식이 가진 특징과 영양을 제대로 알고, 올바른 방법으로 먹는다면 우리 몸의 건강을 지키고 질병을 완화하는 가장 좋은 수단이자 방법입니다.

✅ 항암에 좋은 음식

강황·022	무화과·127	양파·213
고구마·034	미나리·130	연근·216
귤·045	미역·133	오렌지·219
깻잎·051	배·145	우엉·230
꿀·054	배추·148	쪽파·242
두릅·088	브로콜리·163	참외·245
두부·091	비트·169	콜라비·259
들기름·097	사과·172	키위·265
딸기·100	새송이버섯·178	토마토·268
레몬·104	생강·181	포도·274
마늘·107	수박·189	표고버섯·278
명이나물·122	시래기·198	

✅ 당뇨병, 혈당 관리에 좋은 음식

가지·016	마늘·107	연근·216
계피·031	메밀·116	자두·236
김·048	새송이버섯·178	잡곡밥·239
대파·082	생강·181	쪽파·242
더덕·085	세발나물·184	포도·274
두유·094	양파·213	

✅ 혈관 건강에 좋은 음식

감자 · 019	레몬 · 104	시금치 · 195
고구마순 · 037	마늘 · 107	쑥 · 204
고추(풋고추) · 039	매생이 · 113	애호박 · 207
김 · 048	메밀 · 116	양파 · 213
꿀 · 054	멸치 · 119	오리고기 · 222
냉이 · 058	무화과 · 127	우엉 · 230
단호박 · 067	미역 · 133	잡곡밥 · 239
달래 · 073	복숭아 · 154	취나물 · 253
대파 · 082	새송이버섯 · 178	콜라비 · 259
두릅 · 088	세발나물 · 184	홍시 · 281

✅ 혈액 순환에 좋은 음식

검은콩 · 025	보리차 · 151	쑥 · 204
결명자 · 028	봄동 · 157	양배추 · 210
계피 · 031	부추 · 160	
고추(풋고추) · 039	비트 · 169	

✅ 혈압 관리에 좋은 음식

감자 · 019	달걀 · 070	콩나물 · 262
결명자 · 028	배추 · 148	표고버섯 · 278
곤드레 · 042	비트 · 169	

✅ 심혈관 질환에 좋은 음식

가지 · 016	마늘종 · 110	옥수수 · 227
다시마 · 061	바나나 · 136	팽이버섯 · 271
두부 · 091	밤 · 139	포도 · 274

✓ 폐, 기관지 건강에 좋은 음식

고구마 · 034	무 · 124	복숭아 · 154
당근 · 076	배 · 145	
더덕 · 085	배추 · 148	

✓ 간 건강에 좋은 음식

냉이 · 058	미나리 · 130	시금치 · 195
당근 · 076	배 · 145	취나물 · 253
대추 · 079	부추 · 160	홍시 · 281
메밀 · 116	숙주 · 192	

✓ 눈 건강에 좋은 음식

결명자 · 028	메밀 · 116	자두 · 236
고구마순 · 037	밤 · 139	취나물 · 253
고추(풋고추) · 039	방풍나물 · 142	키위 · 265
김 · 048	옥수수 · 227	홍시 · 281

✓ 뼈, 관절, 근육 건강에 좋은 음식

고구마순 · 037	딸기 · 100	시래기 · 198
곤드레 · 042	멸치 · 119	양배추 · 210
귤 · 045	미역 · 133	우엉 · 230
꿀 · 054	브로콜리 · 163	우유 · 233
다시마 · 061	세발나물 · 184	자두 · 236
달래 · 073	수박 · 189	청경채 · 248
두부 · 091	시금치 · 195	토마토 · 268

✓ 다이어트에 좋은 음식

깻잎 · 051
단호박 · 067
달걀 · 070
마늘종 · 110

매생이 · 113
소고기 · 186
식초 · 201
오이 · 224

옥수수 · 227
커피 · 256

✓ 피로 회복에 좋은 음식

꿀 · 054
더덕 · 085

두유 · 094
토마토 · 268

✓ 피부 미용에 좋은 음식

감자 · 019
들기름 · 097
레몬 · 104
복숭아 · 154

시래기 · 198
식초 · 201
애호박 · 207
연근 · 216

오리고기 · 222
표고버섯 · 278

✓ 빈혈에 좋은 음식

매생이 · 113
소고기 · 186

숙주 · 192
자두 · 236

✅ 면역력 강화에 좋은 음식

고구마순·037	밤·139	청경채·248
깻잎·051	보리차·151	콜라비·259
꿀·054	봄동·157	키위·265
달걀·070	소고기·186	팽이버섯·271
두릅·088	오리고기·222	홍시·281
무·124	자두·236	

✅ 염증 제거 및 완화에 좋은 음식

꿀·054	방풍나물·142	청경채·248
달래·073	블루베리·166	체리·251
더덕·085	애호박·207	커피·256
명이나물·122	우엉·230	팽이버섯·271
미나리·130	참외·245	

✅ 독소 및 노폐물 배출에 좋은 음식

고구마·034	브로콜리·163	오리고기·222
곤드레·042	상추·175	잡곡밥·239
마늘종·110	숙주·192	참외·245
보리차·151	쑥·204	취나물·253
복숭아·154	오렌지·219	

✅ 변비에 좋은 음식

결명자·028	들기름·097	상추·175
고구마·034	무화과·127	세발나물·184
다시마·061	배추·148	

✅ 이뇨 작용에 좋은 음식

| 결명자 · 028 | 대추 · 079 | 오이 · 224 |

✅ 노화 방지에 좋은 음식

계피 · 031	블루베리 · 166	옥수수 · 227
단감 · 064	사과 · 172	커피 · 256
명이나물 · 122	수박 · 189	
봄동 · 157	숙주 · 192	

✅ 뇌 건강에 좋은 음식

당근 · 076	수박 · 189	콩나물 · 262
두부 · 091	애호박 · 207	
방풍나물 · 142	우유 · 233	

✅ 치매 예방에 좋은 음식

강황 · 022	딸기 · 100	양배추 · 210
단감 · 064	멸치 · 119	오렌지 · 219
단호박 · 067	블루베리 · 166	오이 · 224
들기름 · 097	시금치 · 195	포도 · 274

✅ 불면증에 좋은 음식

| 대추 · 079 | 상추 · 175 | 체리 · 251 |
| 바나나 · 136 | 우유 · 233 | |

가지

효능	심혈관 질환 예방 / 혈당 조절 / 식중독 예방	제철 시기	여름

가지는 예로부터 여름 보양식으로 여겨지며, 부드럽고 담백한 맛으로 많은 사람이 즐겨 먹는 음식 중 하나입니다. 가지에는 비타민, 미네랄, 식이섬유가 풍부하고 안토시아닌과 마그네슘 등의 여러 영양소가 함유되어 있습니다. 이런 성분들로 인해 다이어트는 물론 활성산소 제거와 뼈 건강, 혈당 관리 등에 도움을 줍니다. 가지에는 심박수를 안정적으로 유지하는데 도움을 주는 칼륨과 나쁜 콜레스테롤(LDL) 수치를 감소시키고 좋은 콜레스테롤(HDL) 수치는 증가시키는 플라보노이드가 풍부하며, 이 성분은 심혈관 질환을 예방하는데 효과적입니다. 또한 가지에 풍부한 식이섬유는 체내에서 설탕의 소화율과 흡수 속도를 늦춰 주는 역할을 합니다. 이러한 작용들은 혈당을 낮추는데 도움이 됩니다. 식이섬유는 흡수 속도가 느려서 혈당 수치가 일정하게 유지되고 스파이크나 충돌을 방지할 수 있습니다.

**YES!
이렇게 먹어요**

가지가 보라색을 띠는 이유인 안토시아닌은 강력한 항산화 물질로, 발암물질을 억제하고 혈관 손상을 막는 역할도 합니다. 농업식품기술종합연구기구에 따르면 가지의 안토시아닌과 폴리페놀이 벤조피렌과 아플라톡신 등 발암물질에 대한 암 억제 효과가 89%로 나타나며 시금치나 브로콜리보다 훨씬 높다고 합니다. 이 성분들은 수용성으로, 볶거나 쪄서 먹으면 흡수율이 떨어지기 때문에 효과적으로 섭취하려면 가지차를 끓여 마시는 것이 좋습니다.

가지를 끓여서 마시면 가지의 수용성 영양소를 가장 효과적으로 섭취할 수 있습니다. 가지차는 구수한 향과 담백한 맛으로 남녀노소 누구나 부담 없이 마실 수 있습니다. 또한 가지차를 끓이고 남은 가지는 건져서 무침으로 사용할 수 있으니 버릴 것이 하나도 없습니다. 가지에 풍부한 히아신은 우리 몸의 지방을 분해하고 몸속 노폐물 배출에도 도움을 주어 해독이나 다이어트에도 좋습니다.

다이어트와 해독에 좋은 가지차

재료(2L 기준)
○ 가지 1개
○ 물 2L
○ 소금 1작은술

1. 가지 껍질과 꼭지까지 모두 사용하므로 가지는 통째로 깨끗하게 씻어 길게 4등분으로 자르고 가로로 한 번 더 자릅니다.
TIP_ 가지 꼭지에 안토시아닌이 가장 풍부하니 꼭지를 버리지 마세요.

2. 자른 가지는 물 2L에 소금과 함께 넣고 중불로 끓입니다.

3. 물이 끓기 시작하면 약불로 줄이고 조금 더 끓입니다. 이때 오래 끓이면 열로 인해 영양소가 파괴될 수 있으니 5분 동안만 더 끓여 가지차를 완성합니다.

NO!
이렇게 먹지 마세요

여름철 밭에 탐스럽게 열린 가지는 아름다운 빛깔과 좋은 식감을 가지고 있는 대표적인 채소입니다. 하지만 바로 딴 가지를 생으로 먹는 것은 주의해야 합니다. 가지 1개에는 약 10~13mg의 솔라닌이 함유되어 있는데, 솔라닌은 가짓과에 속하는 채소에서 발견되는 글리코알카로이드 독입니다. 중독 기준은 200mg으로 수십 개의 가지를 한꺼번에 먹지 않으면 괜찮지만, 약 3개 이상(30mg)을 먹을 때는 복통, 위장장애, 현기증 같은 식중독 증상을 일으킬 수 있습니다.

한의학에서 가지는 기운을 아무렇게나 움직이게 할 수 있는 식재료로 보며, 지나치게 많이 먹지 말라고 합니다. 한 번에 많은 양을 먹으면 여성의 자궁을 상하게 할 수 있고, 차가운 성질이라 임산부나 몸이 찬 사람에게는 해로울 수 있으니, 하루 1개 반 이내로 먹는 것을 추천합니다.

감자

효능	혈관 건강 / 피부 미용 / 위염 완화	제철 시기	여름

감자는 쌀, 옥수수, 밀 등과 함께 세계 4대 작물에 속하며 우리 식생활에 빼놓을 수 없는 필수 재료입니다. 어디서나 잘 자라는 구황작물인 감자는 담백하고 부드러운 맛으로 많은 사람이 즐겨 먹습니다. 감자에는 각종 비타민과 칼륨, 사포닌 등이 풍부해 건강에도 많은 도움을 줍니다.

감자에 함유된 리포산은 혈관 건강을 지키는 데 큰 도움을 주는데, 오리건주립대학교 라이너스폴링 연구소에 따르면 감자에 함유된 리포산이 동맥경화와 같은 동맥 질환을 억제하는 효과가 있다고 합니다. 강력한 항산화 성분으로 활성산소를 중화시키고 산화 스트레스를 감소시켜 당뇨병, 고지혈증 등 내피기능장애 개선에도 효과적입니다.

YES! 이렇게 먹어요

감자에 풍부한 폴리페놀과 아르기닌은 위 건강에 효과적이며, 강력한 항염증 효과가 있어 위 점막을 보호하고, 세포 변성을 막아 줍니다. 이런 작용들은 궤양의 출혈을 막아 주고, 손상된 위 점막에 소염 작용을 하여 위염과 위궤양 개선에도 효과적입니다.

또한 감자는 대표적인 알칼리성 식품으로 위산과다로 생길 수 있는 위장 질환의 증상 완화에도 좋습니다. 영국 맨체스터 대학교의 연구에 따르면 감자에 풍부한 아미노산과 비타민 B군은 위궤양과 속쓰림을 유발하는 특정 박테리아를 사멸시켜 증상 개선과 회복에도 도움을 준다고 합니다.

담백하고 구수한 감자는 대부분의 사람이 삶거나 국, 찌개 등에 넣어 먹는데, 위장 건강을 생각한다면 사과와 함께 생으로 갈아서 먹는 것이 좋습니다. 감자에 풍부한 비타민 C와 아르기닌, 칼륨 등은 열에 약하거나 수용성이기 때문에 삶지 않고 생으로 먹을 때 흡수율이 올라갑니다.

또한 사과와 감자를 같이 먹으면 사과가 위산 분비를 촉진하면서 감자에 함유된 비타민 B군의 일종인 리보플라빈의 생체 흡수율을 높입니다. 리보플라빈은 비타민 C와 함께 소화불량 개선은 물론 혈압을 낮추는 효능도 있습니다.

위장을 지키고 혈압은 낮추는 감자 사과주스

재료(2잔 기준)
- 감자 1개
- 사과 1/2개
- 물 1컵

1. 감자와 사과는 껍질에 유효 성분들이 풍부하니 껍질째 잘 씻습니다. 껍질째 먹기가 힘들다면 감자 껍질은 벗기고 먹어도 괜찮습니다.
   TIP_ 사과 씨앗에는 아미그달린이 들어 있어 몸속에서 효소에 의해 분해되면 독성 물질인 청산이 생성됩니다. 많이 섭취하면 구토와 현기증, 호흡곤란 등의 중독 증세가 나타날 수 있으니 씨앗은 꼭 제거합니다.

2. 세척이 끝난 감자와 사과는 믹서기에 갈기 편하게 깍둑썰고 10분 정도 물에 담가 전분을 뺍니다. 감자의 전분을 제거해야 텁텁하지 않습니다.

3. 감자와 사과를 믹서기에 넣고 물 1컵도 같이 붓습니다. 이때 물의 양을 조절하여 주스의 농도를 맞춥니다. 기호에 따라 달콤하게 즐기고

싶다면 꿀 1큰술 정도를 추가해도 좋습니다.

4. 모든 재료를 믹서기에 넣고 충분히 돌려 부드럽게 갈면 감자 사과주스 완성입니다. 감자와 사과는 충분히 갈려야 마시기 편하니 30초 이상 가는 것이 좋습니다.
TIP_ 아침 빈속에 마시면 좋지만, 혹시 먹고 나서 속이 쓰리다면 식후에 마십니다.

NO!
이렇게 먹지 마세요

감자는 저항성 전분이 풍부한 음식 중 하나로 어떻게 먹느냐에 따라 항암 효과와 혈당 관리, 다이어트 등 건강상 이점을 크게 높일 수 있습니다. 저항성 전분은 암 유발의 주요 원인 중 하나인 담즙산의 세균 대사를 바로잡아 암 발병률을 낮추는 역할을 합니다. 이런 저항성 전분이 들어 있는 감자는 뜨겁게 먹는 것보다 차갑게 먹을 때 훨씬 효과가 좋습니다. 감자를 24시간 동안 냉장고에 보관하면 소화성 전분이 저항성 전분으로 전환되면서 저항성 전분의 비율이 57%까지 증가합니다.

차가운 감자는 그냥 먹어도 되지만 샐러드 등 각종 요리에 활용한다면 더욱 맛있고 편하게 먹을 수 있습니다. 뜨거운 감자를 호호 불어가며 먹기보다는 건강을 생각해서 차갑게 먹어 보세요.

+ 저항성 전분이란 위와 소장에서 잘 소화되지 않는 탄수화물로 대장에서 발효 과정을 거치며 유익균의 먹이가 될 수 있습니다.

강황

효능	소화불량 개선 / 치매 예방 / 항암 작용	제철 시기	상시

강황은 생강목에 속하는 다년생 식물로 인도를 중심으로 주로 재배되며, 우리나라에서는 전라남도에서 많이 재배되고 있습니다. 인도에서 수 세기 동안 향신료와 카레의 주재료로 사용되었던 강황은 '죽기 전에 꼭 먹어야 할 세계 음식 재료' 중 하나로 뽑힐 만큼 세계적으로 사랑 받는 향신료입니다.

강황에는 칼슘, 나트륨, 철분, 티아민, 이소플라빈, 식이섬유 등 다양한 비타민과 미네랄 등이 매우 풍부하게 포함되어 있습니다. 특히 노란색을 띠게 하는 커큐미노이드라는 색소에는 커큐민이 들어 있는데, 이는 몸속에서 다양한 효능을 발휘해 황금 푸드라고 불립니다.

YES!
이렇게 먹어요

달걀과 함께 먹어요

강황에 풍부한 커큐민은 뇌세포 활성화는 물론 뇌 신경 세포의 생성을 촉진합니다. 미국 UCLA의 알츠하이머연구센터에 따르면 강황의 꾸준한 섭취가 알츠하이머 치매의 발병률을 낮춘다는 것을 입증하였습니다. 이는 커큐민이 치매 유발 물질인 아밀로이드 베타 제거에 도움을 주기 때문입니다.

치매 예방에 좋은 강황을 먹을 때 함께 먹으면 그 효능을 극대화하는 식재료는 달걀입니다. 달걀노른자에 풍부한 레시틴은 뇌 세포막을 구성하는 성분으로 뇌세포 손상을 방지하여 치매 예방 효과가 뛰어납니다. 또한 레시틴은 뇌신경 세포를 활성화하고, 뇌의 신호 전달에 꼭 필요한 성분으로 기억력 증진을 돕습니다. 핀란드 이스턴대학교의 연구에 따르면 2,497명의 성인을 대상으로 연구한 결과 달걀을 매일 섭취한 실험군은 치매와 알츠하이머의 위험이 줄어들었으며, 언어와 인지능력이 향상되었다고 합니다.

강황의 커큐민은 지용성으로 달걀의 불포화지방산과 만나면 흡수율이 크게 증가하고, 달걀프라이를 할 때 소금 대신 강황가루와 후추를 뿌린다면 커큐민의 체내 흡수율을 20배까지 높일 수 있습니다. 강황은 달걀의 비린 맛을 잡고, 달걀은 강황의 씁쓸한 맛을 중화시켜서 먹기에도 아주 좋습니다.

강황밥으로 먹어요

강황을 가장 쉽게 먹는 방법 중 하나는 바로 강황밥으로 먹는 것입니다. 매일 먹는 밥에 강황가루를 넣어 먹는 강황밥이 건강에 큰 도움을 줍니다. 밥을 지을 때 4인분 기준 3g(1작은술) 정도만 넣어 주면 되는데, 후추를 한 꼬집 추가하면 더욱 좋습니다. 강황밥은 강황의 맛과 향이 느껴지지 않고 색깔 또한 예뻐서 먹기에도 아주 편합니다.

강황 커피를 마셔요

커피와 강황은 어울릴 것 같지 않지만 의외로 잘 어울리는 조합입니다. 강황의 주성분인 커큐민은 항염과 항산화 작용이 뛰어나 커피

의 클로로겐산과 함께 혈관 속 노폐물과 염증 제거에도 효과적입니다. 미국 사우스캐롤라이나대학교의 연구에 따르면 1,943개의 식품과 몸속 염증 반응의 분석 결과 강황의 항염증 수치는 -0.785로 항염증 효과가 가장 우수하다고 합니다. 이는 강황 속 커큐민이 염증을 일으키는 매개 인자를 차단하여 염증 발생을 막고, 제거에도 도움을 주기 때문입니다. 커피 1잔에 강황 1작은술 정도를 넣고, 취향에 따라 우유를 조금 섞어도 좋습니다.

**NO!
이렇게 먹지 마세요**

강황을 하루 10g 이상 섭취하면 심장박동에 이상이 생길 수도 있습니다. 또한 속쓰림, 어지러움, 설사 등의 부작용도 나타날 수 있으니 주의하세요. 강황의 하루 적정 섭취량은 10g(가루 또는 환 기준) 이하입니다. 강황가루를 음식에 향신료와 조미료로 사용하면 그 양이 작아 별다른 부작용이 발생하지 않으니 안심하세요.

강황의 주요 성분인 커큐민은 자궁 수축을 일으키기 때문에 임산부는 강황을 먹기 전에 전문가와 상의하거나 임신 중에는 커큐민을 따로 복용하지 않도록 주의하세요.

검은콩

| 효능 | 신장 기능 향상 / 혈액 순환 / 탈모 예방 | 제철 시기 | 가을 |

검은콩은 검정콩 또는 흑대두라고도 부르는데, 특정한 한 종류의 콩만을 말하는 것이 아니라 검은빛을 띠는 콩을 통칭합니다. 검은콩은 단백질뿐만 아니라 안토시아닌이 풍부해 면역력 강화, 노화 방지, 혈관 건강 등에 효과적입니다. 검은콩의 이로운 효능을 얻으려면 껍질을 벗겨내지 않고 먹는 것이 좋습니다.

검은콩에 풍부한 안토시아닌은 산화방지제를 함유하고 있습니다. 이 항산화제는 검은콩이 짙은 색을 띠게 하고 뇌 건강을 돕고 심장병과 당뇨병의 위험을 낮추는 데 도움을 줍니다. 또한 검은콩에는 염증과 만성 질환 위험을 줄이는데 관련된 플라보노이드와 체내 노폐물 배출과 탈모 방지 등을 돕는 시스테인이 들어 있습니다.

YES! 이렇게 먹어요

검은콩에 풍부한 시스테인과 판토텐산 그리고 이소플라본은 모발 관리에 큰 도움을 줍니다. 특히 시스테인은 천연 황 함유 아미노산으로 많은 탈모 영양제의 주요 성분 중 하나입니다. 모발 성장 속도와 모발의 굵기 그리고 모발을 구성하는 단백질 합성은 시스테인에 의존하기 때문입니다. 그리고 검은콩에 함유된 판토텐산은 신체 호르몬과 인지질, 헤모글로빈 합성에 필요합니다. 폴란드 슈체친대학교의 연구에 따르면 판토텐산은 모낭의 세포 분열을 촉진해 모발 성장에 도움을 주며, 피지선 기능 조절과 멜라닌 생성을 촉진한다고 합니다.

생콩은 소화 흡수율이 낮고, 콩을 가열하면 미네랄과 비타민 등 각종 유효 성분이 파괴될 수 있습니다. 하지만 콩을 식초에 담가 두면 콩 속의 이소플라본 등이 증가하며 소화 흡수율 또한 크게 높일 수 있습니다. 또한 식초의 강력한 살균 작용은 염증이나 세균으로부터 두피를 보호하여 탈모 증상 예방과 두피 면역력 강화에 효과적입니다.

모발 관리에 효과적인 식초콩

재료(1컵 기준)
○ 콩 1컵
○ 식초 3컵

1. 검은콩을 깨끗하게 씻은 후 물기를 완전히 제거합니다.
   TIP_ 서리태는 단백질 함량이 가장 높고, 서목태(쥐눈이콩)는 이소플라본 함량이 가장 높으니 필요에 따라 콩을 선택하면 됩니다.

2. 물기가 마른 콩은 병에 넣고 콩이 충분히 잠기도록 식초를 붓습니다. 콩이 불어나는 것을 고려해서 용기의 80%까지만 채웁니다.
   TIP_ 식초는 주정과 주요가 들어가지 않은 천연발효식초를 사용하는 것이 좋습니다.

3. 이렇게 만든 식초콩은 1주일 정도 햇빛이 들지 않는 서늘한 곳이나

냉장고에 넣어 숙성시킵니다. 1주일이 지나면 식초와 콩을 분리하여 콩만 따로 보관하고 식초는 요리할 때 사용합니다. 식초콩은 한 번에 1큰술씩 하루 2번 정도 식후에 먹으면 좋습니다.

NO!
이렇게 먹지 마세요

검은콩에는 칼륨과 트립신 저해 성분이 들어 있어 소화가 잘되지 않습니다. 신장 질환이나 소화기가 약한 사람이 과다 섭취를 하면 소화불량을 일으킬 수 있습니다.

검은콩은 찬 성질을 가지고 있어 평소 몸이 차가운 사람이 과다 섭취하면 위산 역류, 설사, 속쓰림 등의 증상이 생길 수 있으니 하루 권장량을 지키세요. 또한 검은콩은 갱년기에 좋은 음식으로 알려졌지만, 과다 섭취하면 여성호르몬이 과잉 분비될 수 있습니다.

검은콩 하루 섭취량은 검은콩 100개(40~50g) 정도 되는 양이니 신장 질환이나 소화기가 약한 사람은 주의하세요.

결명자

| 효능 | 눈 건강 / 혈액 순환 / 변비 개선 / 이뇨 작용 / 고혈압 예방 | 제철 시기 | 가을 |

결명자는 '눈을 밝게 틔우는 씨앗'이라는 한자 뜻대로 눈을 맑게 해 주는데 뛰어난 효능이 있습니다. 결명자의 가장 대표적인 효능은 눈의 전반적인 건강 증진입니다. 결명자에 풍부하게 함유된 비타민 A와 베타카로틴이 눈의 피로를 풀어 주고 시력 개선에 뛰어난 작용을 하여 눈 건강에 좋은 영향을 줍니다.

또한 결명자에 들어 있는 루프로프라신은 혈관 내 해로운 노폐물을 없애 주고 콜레스테롤 수치를 감소시키는 작용을 하여 혈액의 흐름 개선에 탁월한 효능이 있습니다. 이외에도 오브투신은 혈압 조절에 뛰어난 작용을 하여 고혈압을 예방하는데도 많은 도움이 됩니다.

YES! 이렇게 먹어요

결명자의 뛰어난 이뇨 작용은 몸속 독소와 노폐물을 소변과 대변으로 배출시킵니다. 이런 작용은 신장의 부담을 덜어 신장 회복에 도움을 주며 신장 기능 활성화에도 효과적입니다.

신장에 좋은 결명자와 같이 마시면 그 효능을 높이는 식재료가 있는데, 바로 검은콩입니다. 검은콩과 결명자를 같이 차로 끓여 마시면 신장 건강에 큰 도움을 줍니다. 신장이 좋지 않은 사람들은 대부분 몸이 차갑고, 신진대사가 원활하지 못합니다. 이때 검은콩을 먹으면 안토시아닌 등의 각종 항산화 성분이 이를 완화해 주어 신장 건강을 지켜 줍니다.

그래서 한방에서는 신장 계통의 대사 촉진을 위해 검은콩을 신장 치료 목적의 약재로도 사용하고 있습니다. 결명자의 이뇨 작용과 검은콩의 항산화 작용은 좋은 효과를 발휘해 신장을 건강하게 지켜 줍니다.

신장을 살리는 검은콩 결명자차

재료(2L 기준)
- 검은콩 1컵
- 결명자 1큰술
- 물 2L

1. 검은콩과 결명자는 흐르는 물에 깨끗하게 씻어 물기를 빼고, 마른 팬에 넣어 약불에서 천천히 볶습니다.
   TIP_ 볶는 과정에서 찬 성질은 완화되고 영양소의 흡수율은 더욱 높아집니다.
2. 색이 노릇하게 변하고 구수한 냄새가 나며 콩 껍질이 한두 개 벌어진다면 불을 끕니다.
3. 검은콩과 결명자가 잘 볶아졌다면 건져내기 쉽게 다시백이나 차망에 넣고 물을 끓입니다.

4. 물이 끓기 시작하면 불을 줄이고 10분 동안 더 끓인 후 검은콩과 결명자는 건져내고 한 김 식혀 따뜻하게 마십니다.

**NO!
이렇게 먹지 마세요**

결명자는 기본적으로 찬 성질을 가지고 있어서 몸이 차가운 사람이 과다하게 섭취하면 배탈이나 설사 등의 증상이 생길 수 있습니다. 또한 결명자는 혈압을 떨어뜨리는데 뛰어난 효능이 있어 고혈압 예방에는 좋지만, 혈압이 낮은 사람에게는 안 좋은 영향을 줄 수 있습니다. 결명자는 이뇨 작용도 뛰어나므로 하루 3잔 이하로 마시는 것이 좋습니다.

계피

| 효능 | 혈액 순환 촉진 / 당뇨병 예방 / 노화 방지 | 제철 시기 | 가을 |

매운 향과 달콤함이 특징인 계피는 오래전부터 약용과 식용으로 사용하였습니다. 세계 3대 향신료 중 하나로 유명한 계피에는 각종 항산화 물질이 풍부해 노화 방지와 당뇨병 예방 등 건강에 많은 도움을 줍니다. 계피는 혈액 순환을 원활하게 하고, 열을 만들어 몸을 따뜻하게 합니다. 주로 여성에게 효과가 좋은 식재료로 알려졌지만, 남성 건강을 위해서도 추천됩니다. 계피에는 남성의 부신 기능을 활성화해 에너지를 불어 넣기 때문입니다. 계피가 혈당을 조절하고 제2형 당뇨병을 예방하는 효과가 있다는 연구 결과도 찾아볼 수 있는데, 미국 보스턴 조슬린 당뇨병센터 연구팀은 당뇨병 환자를 대상으로 12주 동안 계피 캡슐 또는 위약을 복용하게 한 후 결과를 측정하였습니다. 연구 결과 계피를 먹은 환자는 식사 후 포도당 수치가 떨어졌고, 탄수화물을 몸속으로 흡수하는 대사 작용이 개선되었습니다. 이는 계피에 들어가 있는 폴리페놀이 인슐린과 유사한 기능을 하기 때문입니다.

YES! 이렇게 먹어요

계피에는 혈액 희석제인 쿠마린이 풍부하게 함유되어 있습니다. 이 성분은 혈액의 응고를 막아 혈전의 생성을 억제하고 혈액을 묽게 하여 혈액 순환 개선에 효과적입니다. 계피를 먹을 때 생강, 양파, 강황을 추가하여 따뜻한 차로 끓여 마시면 혈액 순환과 혈관 건강은 물론 겨울철 면역력 강화에도 큰 도움을 줍니다.

생강의 매운맛을 내는 진저롤 성분은 동맥을 확장시켜 원활한 혈액 순환을 도와줍니다. 《동의보감》에도 생강은 성질이 따뜻하여 담을 삭이고, 기를 내리며, 오장육부를 잘 통하게 한다고 기록되어 있습니다. 양파에는 강력한 항산화 물질인 쿼르세틴과 유화아릴이 풍부하여 동맥경화를 방지하고, 혈관을 확장하는 역할을 합니다. 특히 양파 껍질에는 양파 속에 비해 쿼르세틴이 60배 이상 풍부하니 껍질째 사용하는 것이 좋습니다. 마지막으로 강황의 커큐민은 최고의 항염증 물질로 몸속 산화질소의 생산을 촉진해 혈관을 깨끗하고 넓게 만들어 줍니다.

이런 작용들은 깨끗한 혈액이 넓어진 혈관을 타고 온몸 구석구석을 잘 흐르도록 도와 수족냉증과 손발 저림에 큰 도움을 줍니다.

수족냉증과 손발 저림에 좋은 계피 생강차

재료(2L 기준)
○ 계핏가루 3g
○ 생강 10g
○ 강황가루 3g
○ 양파 1/2개
○ 물 2L

1. 생강은 깨끗하게 씻어 편으로 썰고, 양파는 지저분한 껍질만 살짝 제거하고 껍질을 최대한 활용합니다. 끓이기 편하게 2~3등분으로 자릅니다.
   TIP_ 생강은 얇게 썰어야 유효 성분이 잘 용출되니 최대한 얇게 썰어 주세요.

2. 물 2L에 생강, 양파, 계핏가루, 강황가루를 넣고 중불로 끓인 후 물이

끓기 시작하면 약불로 줄입니다. 재료의 유효 성분들이 충분히 우러나야 하므로 약불에서 30분 이상 은은하게 끓입니다.

**NO!
이렇게 먹지 마세요**

계피에 함유된 쿠마린은 항균 효과가 뛰어나며 혈액 순환 개선에 도움을 주지만, 벤조피론 계열에 속하는 식물성 화학물질로 과다 섭취하면 간에 부담을 줄 수 있습니다. 독일 위험 평가연구소에 따르면 쿠마린의 과다 섭취는 간 독성을 증가시켜 간의 영구적인 손상까지 유발할 수 있다고 합니다. 우리가 흔히 접할 수 있는 계피는 카시아 계피로, 실론 계피보다 가격이 싸지만 쿠마린은 더 많이 함유되어 있어서 하루 1작은술 이하로 섭취하는 것이 좋습니다.

계피에는 알레르기 반응을 일으킬 수 있는 신남알데히드도 함유되어 있는데, 이 성분은 모세혈관을 확장해 혈액 순환 개선에 도움을 주지만 잇몸 건강에는 악영향을 줄 수 있습니다. 신남알데히드가 잇몸 조직과 알레르기 반응을 일으켜 잇몸 염증이나 괴사까지 유발할 수 있습니다. 침 분비가 원활하다면 이런 위험은 낮겠지만 침 분비가 부족하거나 구강건조증이 있는 노년층이라면 주의가 필요합니다.

계핏가루를 한 번에 너무 많이 섭취하면 호흡기에 문제가 발생할 수 있습니다. 특히 계핏가루가 폐에 축적되면 흡인성 폐렴으로 알려진 폐 염증을 유발할 수 있습니다. 이는 계피가 가진 섬유질을 폐가 분해하지 못하기 때문이며, 반복되면 폐 손상까지 이어질 수 있습니다. 따라서 천식과 같은 호흡기 질환이 있다면 주의하세요.

고구마

효능	노폐물 배출 / 항암 효과 / 폐 건강 / 변비 예방	제철 시기	가을

날이 추워지면 더 인기 있는 고구마는 남녀노소 누구나 좋아하는 대표적인 구황작물입니다. 고구마는 맛뿐만 아니라 각종 비타민과 베타카로틴 등 다양한 영양소도 풍부해 미국 공익과학센터의 연구 결과, 세계 건강식품 중 1위를 차지했습니다. 고구마는 100g당 2.8g의 풍부한 식이섬유가 함유되어 있는데, 불용성 식이섬유와 수용성 식이섬유가 6:4 비율로 골고루 들어 있습니다. 이런 함량은 딸기나 사과, 귤보다 높은 수준으로 양질의 식이섬유를 제공하여 장 건강을 지켜 줍니다. 고구마의 식이섬유는 껍질에 풍부하여 껍질째 먹으면 변비 예방은 물론 장 속 환경을 개선하고 장 속에 쌓인 노폐물 배출에도 효과적입니다. 해외 식품 연구자료에 따르면 고구마의 식이섬유는 장내 유익균 활성화에 직접적인 영향을 주어 유익균의 증식과 활성화를 통해 장 환경을 개선하고, 장에 쌓인 독소와 노폐물을 흡착하여 몸 밖으로 배출시킨다고 합니다.

YES! 이렇게 먹어요

고구마에 풍부한 베타카로틴은 강력한 항산화 성분으로 폐 건강을 지켜 줍니다. 국립암센터의 자료에 따르면 고구마에 풍부한 베타카로틴이 폐 기능 증진은 물론 몸속 발암물질을 억제하여 세포와 DNA의 손상을 예방한다고 밝혔습니다.

또한 고구마나 당근 등의 식품을 꾸준히 섭취하면 폐암 발병률이 63%까지 감소합니다. 이는 식품 속 베타카로틴이 폐 속 노폐물 제거와 폐암세포의 생존율을 낮추기 때문입니다.

폐 건강을 지키기 위해 고구마는 당근, 양파와 함께 볶아서 먹는 것이 좋습니다. 고구마와 당근은 베타카로틴이 풍부한 채소이며, 양파는 퀘르세틴이 아주 풍부합니다. 베타카로틴과 퀘르세틴은 모두 지용성으로 기름에 볶으면 그 흡수율이 최대 8배까지 증가합니다. 또한 두 가지 성분은 항암에 우수한 효능이 있어 암세포 제거에 큰 도움을 줍니다.

폐 건강을 지켜 주는 고구마볶음

재료(2인분 기준)
- 고구마 1개
- 양파 1/3개
- 당근 1/3개
- 소금 1큰술
- 후추 약간

1. 고구마는 잘 씻어서 껍질째 사용합니다.
   TIP_ 고구마 껍질에 플라보노이드를 비롯해 유효 성분이 매우 풍부합니다.
   TIP_ 물 1L에 밀가루 3큰술을 넣고 3분 동안 고구마를 담근 후 헹구면 잔류 농약과 이물질을 가장 효과적으로 제거할 수 있습니다.

2. 잘 씻은 고구마는 채 썰고, 양파와 당근도 미리 채를 썰어서 준비합니다.
   TIP_ 너무 얇으면 부서지거나 무를 수 있습니다.

3. 두툼하게 채를 썬 고구마는 찬물에 5분 동안 담가 전분기를 빼고, 물

에서 건져 소금 1큰술을 뿌려서 살짝 절입니다. 다 절인 고구마는 물에 헹궈 소금기를 씻어냅니다.

TIP_ 10분 동안 절이면 고구마가 부러지지 않고 좋습니다.

4. 모든 재료가 준비되었으면 기름을 두른 팬에 고구마를 넣고 볶다가 고구마가 투명해질 정도로 익었다면 당근과 양파도 넣고 같이 볶습니다. 소금과 후추로 간을 하여 고구마볶음을 완성합니다.

**NO!
이렇게 먹지 마세요**

고구마의 영양소를 충분히 섭취하기 위해서는 껍질째 먹는 것이 좋습니다. 고구마 껍질에 풍부한 칼륨과 클로로겐산, 섬유질 등은 혈관 건강에 큰 도움을 줍니다. 하지만 껍질째 먹는 고구마도 수세미로 표면을 문지르면 껍질에 상처가 생기고 벗겨지면서 영양소의 손실이 발생합니다. 철분과 마그네슘을 포함한 미네랄은 최대 50%까지 빠져나가며, 껍질에 유독 풍부한 칼슘은 90%까지 사라집니다. 그래서 고구마를 씻을 때는 부드러운 스펀지나 손으로 문지르며 씻는 것이 좋습니다.

고구마를 전자레인지에 익히는 것도 피하세요. 고구마를 고온으로 단시간에 익히면 장 건강에 도움을 주는 맥아당이 활성화되지 않기 때문입니다. 고구마의 전분을 맥아당으로 바꾸는 효소는 90도 이하에서 활성화되므로 천천히 오래 익히는 것이 좋습니다.

고구마순

| 효능 | 혈관 질환 예방 / 면역력 개선 / 뼈 건강 / 눈 건강 | 제철 시기 | 여름 |

고구마순은 고구마의 줄기를 말하며, 부드러운 식감으로 많은 사람이 즐깁니다. 여름부터 초가을까지가 제철이며, 나물로 무쳐 먹거나 볶아서 먹습니다. 고구마순에는 각종 비타민과 무기질, 항산화 물질이 풍부하여 건강에도 좋습니다. 고구마순에는 칼륨과 베타카로틴이 풍부하며 혈관 내 노폐물을 배출시켜 혈관을 건강하게 지켜 줍니다. 미국 앨라배마의대의 연구에 따르면 칼륨의 섭취는 혈관 석회화나 동맥경화와 같은 심혈관 질환을 예방하는데 큰 도움이 된다고 합니다. 또한 콜레스테롤 수치를 낮춰 주고 혈액 순환 개선에도 도움을 줍니다. 고구마순은 우유의 10배에 달하는 칼슘 함량으로, 노인의 골다공증 예방과 성장기 어린이의 골격 형성 등 뼈 건강에 좋습니다.

YES! 이렇게 먹어요

고구마순에는 고구마보다 비타민과 단백질이 풍부하게 함유되어 있습니다. 특히 고구마순의 비타민 A와 비타민 C는 면역력을 올리는데 큰 도움을 줍니다. 비타민 A는 백혈구 형성을 도와 면역체계를 강화하고, 신체에 바이러스가 침입했을 때 퇴치하는 역할을 합니다. 고구마순에 많은 면역력 향상에 필수인 비타민 A의 섭취를 극대화하기 위해서는 들기름을 넣으면 됩니다.

들기름은 식물성 기름 중 오메가3 지방산의 함량이 가장 높고, 각종 면역 기능성 물질을 제공합니다. 고구마순의 비타민 A는 지용성으로 그냥 먹으면 섭취가 힘들지만, 들기름과 함께 먹는다면 체내 흡수율을 높일 수 있습니다.

들기름은 발연점이 낮아서 고온 가열 시 벤조피렌이라는 발암물질이 생길 수 있으니 요리가 끝나고 먹기 직전에 넣는 것이 좋습니다.

NO! 이렇게 먹지 마세요

고구마순에는 식이섬유가 풍부하여서 한 번에 많은 양을 섭취하면 설사나 복통 등의 증상이 나타날 수 있습니다. 장에 무리를 줄 수 있기 때문에 과도한 섭취는 피하고, 하루 적정 섭취량인 500g 이하로 섭취하세요.

고구마순의 껍질을 벗길 때는 고구마순이 푹 잠길 정도의 물을 붓고 소금을 넣어 30분 정도 두면 고구마순이 부드럽게 휘어집니다. 이때 고구마순 껍질을 잎이 있는 위쪽에서부터 시작하여 끝까지 잘 벗겨줍니다.

고추(풋고추)

효능	혈액 순환 개선 / 혈관 질환 개선 / 눈 건강	제철 시기	여름

매운맛의 대표 채소인 고추는 우리나라 사람들이 아주 좋아하는 식재료입니다. 비타민과 섬유소 등 각종 영양소가 풍부한 고추는 식욕을 돋울 뿐만 아니라 건강에도 많은 도움을 줍니다.

고추의 매운맛을 내는 캡사이신은 염증을 개선하고 혈액 순환을 원활하게 해 주며 신경통, 관절염 등의 증상을 완화해 줍니다. 평소 혈액 순환이 잘되지 않거나 손발이 차갑다면, 몸을 따뜻하게 만들어 주는 고추를 꾸준하게 먹어 보세요.

YES! 이렇게 먹어요

풋고추는 완전히 익지 않은 상태의 고추로 불포화지방산과 비타민, 캡사이신이 아주 풍부합니다. 풋고추의 씨는 29%가 불포화지방산으로 이루어져 있어 혈액과 혈관 건강에 좋습니다. 불포화지방산은 혈액 속 노폐물을 걸러 혈액을 맑게 하고, 고지혈증과 이상지질혈증을 예방합니다. 또한 풋고추의 비타민 C 함량은 100g당 44mg으로 다른 고추에 비해 풍부하며, 어느 과일 못지않게 많은 양을 함유하고 있습니다. 그리고 비타민 B군 역시 가득하여 음식의 소화 흡수를 돕고, 뇌와 신경계 기능 유지를 도와줍니다.

대부분의 사람은 풋고추를 생으로 된장에 찍어서 먹지만 건강상 이점을 높이기 위해서는 멸치와 함께 볶아서 먹는 것이 좋습니다. 풋고추와 멸치의 조합은 맛은 물론 영양소 흡수율을 높일 수 있습니다.

멸치는 칼슘이 풍부하지만, 칼슘의 흡수를 방해하는 인도 많아서 칼슘 흡수율이 떨어집니다. 이때 풋고추를 함께 먹으면 풋고추의 철분이 칼슘 흡수를 도와줍니다. 또한 멸치의 지방은 풋고추에 함유된 베타카로틴의 흡수율을 최대 8배까지 높여 줍니다.

혈관과 뼈 건강을 지켜 주는 풋고추 멸치볶음

재료(2인분 기준)
○ 풋고추 200g
○ 멸치 100g
○ 마늘 5개
○ 식용유 2큰술
○ 간장 4큰술
○ 물 4큰술
○ 맛술 1큰술
○ 조청 2큰술

1. 풋고추를 흐르는 물에 깨끗하게 씻어 물기를 뺀 후 먹기 편하게 3~4등분으로 자르고, 마늘도 씻어 저밉니다.
   TIP_ 고추가 어느 정도 커야 식감이 좋습니다.

2. 멸치는 체에 넣고 탈탈 털어 준 후 30초 동안 물에 헹궈 줍니다. 멸치 표면에 묻어 있는 소금기와 부스러기를 제거해야 짜지 않고 깔끔하게 먹을 수 있습니다.

3. 멸치의 물기가 어느 정도 제거되었으면 약불에서 30초 동안 볶은 후 그릇에 잠시 덜어 놓습니다.
   TIP_ 멸치를 볶으면 비린 맛을 잡을 수 있습니다.

4. 예열된 팬에 식용유 2큰술을 두르고 잘라 놓은 풋고추를 넣어 중불에서 30초 동안 볶다가 준비한 멸치와 저민 마늘을 넣습니다. 그다음 간장 4큰술, 물 4큰술, 맛술 1큰술을 넣고 볶습니다.

5. 풋고추와 마늘이 익을 때까지 천천히 저어가며 볶다가 풋고추와 마늘이 다 익으면 불을 끄고 조청 2큰술을 넣어 버무려 완성합니다.

NO! 이렇게 먹지 마세요

심장이 약한 사람
고추의 매운맛을 내는 캡사이신은 혈관을 확장해 혈액 순환을 원활하게 해 줍니다. 하지만 이런 작용은 심장박동을 증가시킬 수 있어 심장에 부담을 줄 수 있습니다. 심장이 약하거나 심장병이 있으면 심부전을 일으킬 수 있으니 주의하세요.

치질 환자
고추처럼 자극적인 음식은 항문 주변 정맥을 확장해 부종을 일으킬 수 있습니다. 이러한 작용은 항문을 자극해 울혈을 발생시키고 염증을 악화시킵니다. 또한 고추는 변비를 촉진해 치질을 악화시키기도 하니 섭취에 주의하세요.

췌장염, 담석증 환자
고추의 매운 성분은 위 점막을 자극하여 위산 분비를 증가시킵니다. 위산의 증가는 위장 운동을 자극하여 소화력을 좋게 만듭니다. 하지만 위산이 많아지면 담낭 수축을 촉진하고 경련을 유발할 수 있어 췌장염이나 담석증 등을 악화시킬 수 있습니다.

곤드레

| 효능 | 뼈 건강 / 독소 배출 / 장 건강 / 혈압 관리 | 제철 시기 | 봄 |

곤드레는 담백하고 부드러운 식감과 독특한 향으로 '고려엉겅퀴'라고도 불립니다. 예로부터 각종 영양소가 풍부해 식용과 약용으로 모두 활용되고 있습니다. 각종 항산화 성분과 비타민, 무기질이 풍부해 혈당과 혈압, 뼈 건강 등 건강에 많은 도움을 줍니다. 칼슘과 인, 철분은 뼈를 튼튼하게 하고 골밀도를 강화하며, 빈혈 예방에도 좋습니다. 베타카로틴과 비타민 C는 강력한 항산화 성분으로 체내 유해한 독소와 노폐물을 외부로 배출시키는 이뇨 작용으로, 염증 발생 억제와 면역력 향상에 좋으며 몸이 붓는 증상이나 부종 완화에도 도움을 줍니다. 또한 식이섬유는 장의 연동 운동을 촉진하여 전반적인 장 건강 향상과 장내 환경을 개선하여 유익균의 증식과 활성화를 촉진합니다. 곤드레는 변비 개선은 물론 소화 촉진에도 좋습니다.

YES!
이렇게 먹어요

곤드레는 섬유질과 무기질이 풍부해 각종 성인병 예방에 도움을 줍니다. 《동의보감》에 따르면 곤드레는 성질이 평하고 독이 없으며, 어혈을 풀어 준다고 기록되어 있습니다. 특히 곤드레에 풍부한 펙톨리나리게닌은 간 보호 작용과 강력한 항당뇨 기능으로 혈당 조절에 큰 도움을 줍니다. 한국식품과학회지의 자료에 따르면 곤드레의 섭취는 혈당이 증가하는 것을 완화한다고 합니다. 또한 풍부한 섬유소는 혈전이 생성되는 것을 억제하는 효능이 뛰어나 동맥경화나 고혈압 등 혈관 질환 예방에 효과적입니다. 혈당과 혈압 관리에 좋은 곤드레는 서리태와 함께 곤드레밥으로 먹으면 좋습니다.

서리태에는 카로티노이드, 안토시아닌 등 항산화 성분이 일반 콩에 비해 4배나 풍부합니다. 또한 곤드레의 플라보노이드는 서리태와 만나면 항산화 효과가 더욱 증가합니다. 그리고 곤드레에 풍부한 플라보노이드는 삶으면 더 증가하기 때문에 삶아서 활용하는 것이 좋습니다.

1. 곤드레를 1시간 이상 충분히 불려 끓는 물에 30분 정도 삶습니다.
2. 잘 삶아진 곤드레는 찬물에 헹군 다음 먹기 좋은 크기로 잘라 서리태와 함께 밥을 지으면 완성입니다.
   TIP_ 곤드레가 수분을 많이 머금고 있으니 밥물은 살짝 적게 맞추세요.

NO!
이렇게 먹지 마세요

곤드레는 차가운 성질을 가지고 있어 평소 몸이 찬 사람은 설사, 복통과 같은 증상이 발생할 수 있으니 주의하세요.

생곤드레를 선택할 때는 잎에 상처나 벌레 먹은 자국이 없는 것을 고르고, 줄기나 잎이 시들지 않았는지 확인합니다. 잎의 색깔은 짙은 녹색을 띠는 것이 좋습니다. 대부분 말린 건곤드레를 선택하는데 전체적으로 고른 녹갈색을 띠고 있는 것이 잘 건조된 곤드레입니다. 곤드레 특유의 구수한 냄새가 나는 것이 좋으며 이물질의 혼입 여부도 확인합니다.

생곤드레는 잘 씻어서 물기를 제거한 후 밀봉하여 냉장고에서 1·2일 정도 보관이 가능합니다. 그래서 생곤드레는 먹을 만큼만 구매하여 바로 먹는 것이 좋습니다. 장기간 보관하려면 끓는 물에 데친 후 물기를 짜서 한 번 먹을 양만큼씩 밀폐용기에 담아 냉동실에 얼려 보관합니다.

건곤드레로 만들 때는 삶은 곤드레를 채반에 널어서 햇볕이 들지 않고, 바람이 잘 부는 곳에 두고 말립니다. 건곤드레는 직사광선이 들지 않는 실온에 보관할 수 있습니다.

귤

효능	뼈 건강 / 항암 효과 / 감기 예방	제철 시기	겨울

새콤달콤한 맛과 향긋한 향으로 남녀노소 모두가 좋아하는 귤은 가을, 겨울을 대표하는 과일 중 하나입니다. 귤에는 비타민 A와 비타민 C 등 각종 비타민이 풍부하고 식이섬유와 펙틴도 다량 함유되어 있습니다. 이런 성분들은 감기 예방과 피로 회복 등 건강에 여러 가지 도움을 줍니다.

귤에 풍부한 비타민 C와 베타클립토키산 등은 항암 효과가 뛰어나며, 이 두 가지는 항산화 성분으로 세포와 DNA의 손상을 억제하는 효과가 있습니다. 귤의 대표적인 성분인 비타민 C는 면역력을 강화하여 감기 예방에 큰 도움을 줍니다. 이 성분들은 체내 활성산소를 없애고, 바이러스나 세균 등에 저항할 수 있는 면역체계를 강화합니다. 귤 하나에는 약 60mg의 비타민 C가 들어 있어 하루 2~3개만 먹어도 1일 영양 권장량을 모두 충족시킬 수 있습니다.

YES!
이렇게 먹어요

귤에 풍부한 베타크립토잔틴은 뼈 건강에 큰 도움을 줍니다. 이 성분은 귤 100g에 3.22mg이 함유되어 있으며, 감의 3배, 오렌지의 27배로 매우 풍부한 양입니다. 미국 캘리포니아대학교의 연구에 따르면 베타크립토잔틴이 뼈를 파괴하는 피골세포의 활동을 억제하고, 뼈를 생성하는 조골세포의 형성은 촉진해 골다공증과 관절염 완화에 효과적이라고 밝혔습니다. 또한 귤에 풍부한 칼슘을 더욱 활성화하여 뼈의 성분 구조와 견고함을 높이는 역할도 합니다. 뼈 건강에 도움을 주는 귤의 베타크립토잔틴과 칼슘은 귤의 껍질에 5배나 더 풍부하다고 하니 껍질째 귤청으로 먹는 것이 좋습니다.

귤청은 보관과 섭취가 쉽고 효소를 활성화하여 뼈 건강에 큰 도움을 줍니다. 귤청은 따뜻한 차나 소스로 활용한다면 뼈 건강은 물론 활성산소 제거에도 효과적입니다. 미국암연구협회학술지에 따르면 귤에 풍부한 베타크립토잔틴은 활성산소 제거와 항암 효과도 뛰어나 폐암 등 각종 암의 발병률도 낮춘다고 합니다.

뼈 건강에 큰 도움이 되는 귤청

재료
- 귤 7개
- 설탕 35g(귤 1개당 설탕 5g)

1. 귤 세척은 물 1L 기준 3큰술의 밀가루를 풀고 귤을 5분 동안 담갔다가 충분히 헹궈 과육이 보일 정도로 꼭지 부분을 제거한다.
   TIP_ 밀가루의 고운 입자는 흡착력이 강해 표면에 묻어 있는 농약이나 오염물질 제거에 효과적입니다.
   TIP_ 귤 꼭지를 제거하지 않고 가열하면 터질 위험이 있으니 반드시 제거합니다.

2. 전자레인지에 넣고 1분 동안 가열합니다.
   TIP_ 이 과정에서 귤 안에 있는 신맛을 분해하는 효소가 활성화되어 더 부드러우며 맛도 좋아집니다.

3. 전자레인지에 돌린 귤은 설탕과 함께 믹서기에 넣습니다.
   TIP_ 믹서기로 갈 때 생강을 한 조각 정도 넣어 주면 항산화 성분이 배가 됩니다.

4. 귤 껍질이 모두 갈릴 때까지 충분히 갈면 귤청 완성입니다. 충분히 갈아준 귤은 바로 먹어도 되지만, 유리병에 넣고 실온에서 2일 동안 숙성시킵니다. 숙성이 끝나면 냉장 보관하고, 따뜻한 물에 2큰술씩 넣고 차로 마시면 됩니다.

NO!
이렇게 먹지 마세요

귤을 대량으로 구입해서 다 먹기 전에 곰팡이가 핀 경험이 있을 것입니다. 특히 보관 기간이 길어질수록 밑에 있던 귤은 눌리면서 상하고 곰팡이가 피게 됩니다. 대부분의 사람은 곰팡이가 핀 부분이 아주 작거나 귤 상태가 좋아 보이면 곰팡이 핀 부분만 버리고 나머지 부분은 먹기도 합니다.

하지만 앞으로는 곰팡이가 조금이라도 피었다면 고민하지 말고 귤을 통째로 버리세요. 귤에 피는 곰팡이는 주로 녹색 곰팡이와 푸른 곰팡이인데 귤처럼 무른 과일의 표면에 이 곰팡이가 조금이라도 보인다면 실제는 무 뿌리처럼 곰팡이균이 훨씬 크게 침투한 상황일 수 있습니다. 이런 곰팡이균이 피부에 닿으면 발진이나 두드러기와 같은 피부 알레르기 증상을 유발할 수 있고, 실수로 먹으면 호흡기와 폐에 들어가 천식이나 비염 등 호흡기 건강에 악영향을 끼칠 수 있습니다.

김

| 효능 | 혈관 건강 / 혈당 조절 / 눈 건강 | 제철 시기 | 겨울 |

바다가 준 선물로 불리는 김은 우리나라뿐만 아니라 해외에서도 많은 사랑을 받는 식재료입니다. 저렴하고 맛도 좋아 남녀노소 누구나 좋아하며 즐겨 먹습니다. 김에는 각종 미네랄과 비타민, 항산화 성분 등 다양한 영양소가 풍부합니다.

김에 함유된 폴리페놀은 혈당을 안정시키는 역할을 하여 혈당 조절에 도움을 줍니다. 간 속의 글리코겐 수치를 조절하여 당뇨병 환자에게도 효과가 있습니다. 기름과 소금을 첨가한 조미김보다는 돌김이나 파래김 등을 살짝 구워 먹는 것이 건강에 좋습니다.

김에는 눈 건강에 도움이 되는 비타민 A가 풍부합니다. 한국영양학회의 자료에 따르면 김에는 당근과 시금치보다 훨씬 풍부한 비타민 A가 함유되어 망막에서 빛을 감지하는 단백질인 로돕신의 재생을 돕고, 눈의 피로를 풀어 줍니다.

YES! 이렇게 먹어요

김에 풍부한 식이섬유와 펩티드, 미네랄 등은 염증과 응고로부터 혈액과 혈관을 깨끗하게 지켜 줍니다. 특히 수용성 식이섬유인 포피란은 오직 김에만 존재하는 성분으로 장 내용물의 점성을 높여 지질의 흡수를 저해합니다. 또한 소장에서 담즙산의 재흡수를 방해하여 체내 콜레스테롤 수치를 떨어뜨립니다.

또한 김의 알긴산은 콜레스테롤이 혈관에 쌓이는 것을 막고, 몸 밖으로 배출시키는 역할을 합니다. 국내외 연구에 따르면 김의 이런 성분들을 30일 동안 꾸준히 섭취한 실험군은 대조군에 비해 혈중 총 콜레스테롤 수치와 나쁜 콜레스테롤(LDL) 수치가 각각 20% 정도 낮았습니다. 이런 작용들은 혈액과 혈관을 깨끗하게 하여 동맥경화나 뇌졸중 등 혈관 질환 발생 위험을 낮출 수 있습니다. 김은 조미김보다는 살짝 구워서 먹고, 김을 먹을 때 마늘 양념장에 찍어서 먹으면 좋습니다.

마늘 특유의 냄새를 만드는 알리신은 지질과 결합하면 혈소판에 작용해 혈전의 생성을 막습니다. 또한 깨에는 혈액을 깨끗하게 유지하는 세사미놀과 세사민이 풍부하여 혈액 중 나쁜 콜레스테롤(LDL)이 혈관에 침착해 혈관을 좁게 만드는 것을 억제하며 혈관 탄력도를 높입니다.

혈액을 깨끗하게 만드는 마늘 양념장

재료(2인분 기준)
- 다진 마늘 1큰술
- 간장 3큰술
- 들기름 1큰술
- 깨 1큰술
- 고춧가루 1/2큰술

1. 다진 마늘이 없다면 통마늘을 잘게 썰어서 사용할 수 있습니다. 깨는 참깨와 검은깨 모두 사용이 가능하며 그냥 넣지 않고 빻아서 넣는 것이 중요합니다.

TIP_ 깨를 그냥 먹으면 소화가 되지 않고 그대로 몸 밖으로 배출되므로 빻아서 먹어야 유효 성분 섭취가 가능합니다. 절구가 없다면 볶은 깨를 지퍼백이나 비닐에 넣고 밀대나 숟가락으로 눌러 으깹니다.

2. 준비된 재료를 넣고 잘 저으면 마늘 양념장 완성입니다. 양념장이 짜면 기호에 따라 물을 1~2큰술 추가합니다. 양념장에 찍어서 먹어도 좋고 젓가락으로 살짝 떠서 밥 위에 올려 먹어도 맛있습니다.

NO!
이렇게 먹지 마세요

만약 김이 보라색을 띤다면 이미 산패되어 변질하기 시작한 것으로 먹으면 안 됩니다. 대량으로 사들인 김의 경우 수분과 햇빛으로 인해 산패되는 경우가 종종 있습니다. 특히 기름이 발려진 상태에서는 김을 상온에 보관하지 않는 것이 좋습니다.

보건환경연구원의 실험에 따르면 상온에 보관한 김은 시간이 지남에 따라 김 표면에 처리된 기름 성분으로 인해 산패의 정도를 나타내는 과산화물과 수치가 많이 증가했는데, 초기 1.7이었던 수치가 20일이 지나자 38배가 증가한 64.4로 급격하게 높아졌습니다. 하지만 냉동실에 보관한 경우는 20일이 지나도 9.4로 수치가 매우 낮았습니다.

산패된 김을 섭취하면 세포의 기능을 저하시키고, 혈관 손상을 유발하여 혈전이 생성될 가능성이 커집니다. 이를 방치하면 심근경색과 뇌졸중 등 심각한 질병으로 이어질 수 있습니다. 따라서 기름을 바른 김은 상온에 보관하면 잘 밀봉한다고 해도 1주일 이내에 먹는 것이 좋습니다. 또한 냉동 보관하면 3주 이내에 모두 먹는 것이 좋습니다.

깻잎

효능	다이어트 / 항암 작용 / 면역력 강화	제철 시기	여름

깻잎은 들깨의 잎사귀를 말하며 상추와 함께 가장 대표적인 쌈 채소 중 하나입니다. 특유의 맛과 향으로 쌈이나 무침, 장아찌 등의 다양한 요리로 활용됩니다. 깻잎에는 각종 비타민과 항산화 성분이 풍부해 다이어트는 물론 항암 효과도 뛰어납니다.

특히 천연 항암제로 불릴 만큼 항암 작용에 탁월한 효능이 있습니다. 풍부한 베타카로틴과 폴리페놀, 피톨은 강력한 항산화 작용으로 항암 효과와 면역력 강화에 탁월합니다. 베타카로틴은 체내에서 비타민 A로 변환되어 점막을 튼튼하게 유지하고 암세포를 정상으로 환원시키는 역할을 합니다.

한국농수산식품유통공사의 자료에 따르면, 깻잎에 풍부한 피톨은 우수한 항암 효과로 암세포와 병원성 균을 제거해 면역 기능을 강화한다고 합니다.

YES! 이렇게 먹어요

항암 효과가 뛰어난 깻잎을 효과적으로 먹으려면 두부와 함께 무쳐서 먹으면 좋습니다. 두부에는 식물성 단백질인 이소플라본이 풍부하여 발암물질의 생성을 막아 줍니다.

미국 터프츠대학교의 연구에 따르면 10년간 유방암 환자 6,200명을 대상으로 연구한 결과, 두부와 두유 등 콩 식품을 꾸준히 섭취한 환자는 그렇지 않은 환자에 비해 사망률이 최대 50%까지 낮았다고 합니다. 이소플라본이 암세포 성장에 필수적인 특정 효소를 파괴하여 암세포의 사멸을 유도하기 때문입니다. 또한 두부에 풍부한 불포화지방산은 깻잎의 베타카로틴 흡수율을 최대 8배까지 올려 줄 수 있습니다.

암세포 제거에 좋은 깻잎 두부무침

재료(2인분 기준)
- 깻잎 100g
- 두부 1/2모(150~200g)
- 들기름 2큰술
- 소금 약간
- 깨 약간

1. 깻잎은 잔털이나 주름이 많아 밀가루를 활용해서 씻는 것이 좋습니다. 물 1L 기준 3큰술 정도의 밀가루를 넣고 3분 동안 담가 놓은 후 흐르는 물에 씻습니다.
   TIP_ 국립농산물검사소의 연구에 따르면 3%의 밀가루액으로 씻으면 밀가루의 고운 입자로 인해 깻잎에 흡착되거나 침투한 농약 성분의 제거율이 가장 높았습니다.

2. 세척이 끝난 깻잎은 끓는 물에 10초 동안 아주 짧게 데칩니다. 시간이 길어지면 영양소가 파괴될 수 있으니 숨만 죽인다고 생각합니다. 데친 깻잎은 찬물에 바로 헹구고 물기를 꼭 짜서 먹기 좋은 크기로 송송 썹니다.
   TIP_ 깻잎의 베타카로틴은 단단한 세포벽에 둘러싸여 그냥 먹으면 흡수율이 낮지만, 살짝 열을 가하면 세포벽이 약해져 체내 흡수가 쉬워집니다.

3. 두부는 깻잎 데친 물에 넣고 3분 동안 천천히 익힙니다. 익힌 두부는 물기를 짜고 칼등이나 숟가락으로 눌러서 으깹니다.

4. 준비된 깻잎과 두부는 볼에 넣고 들기름 2큰술과 소금 3~4꼬집으로 간을 하여 조물조물 잘 무친 후 깨를 솔솔 뿌리면 맛있는 깻잎 두부 무침 완성입니다.

NO!
이렇게 먹지 마세요

깻잎은 특별한 부작용이 없는 식재료입니다. 다만 깻잎에 칼륨이 풍부하니 신장이 약한 사람은 과다 섭취에 주의하고, 하루 30g 이하로 먹는 것이 좋습니다. 깻잎은 물기가 많으면 썩기 쉽고 냉장고 안쪽에 보관하면 얼거나 상하기 쉽습니다.

농촌진흥청에서 발표한 자료에 따르면 별도의 도구 없이 가정에서 깻잎을 신선하게 보관하려면 잎자루 부분을 물에 적신 종이로 감싸 지퍼백에 넣어 냉장실에 보관하면 된다고 합니다.

꿀

효능	피로 회복 / 면역력 강화 / 혈관 건강 / 관절 통증 완화 / 항암 효과	제철 시기	상시

달콤한 꿀은 오랜 옛날부터 식용과 약용으로 널리 사용되고 있습니다. 고대 그리스 제신들의 식량으로 쓰였다고 할 정도로 인류 역사에서 오래된 건강식품 중 하나입니다. 채집하는 꽃의 종류에 따라서 아카시아꿀, 밤꿀, 유채꿀 등으로 분류됩니다. 꿀에는 양질의 비타민과 미네랄을 비롯해 아미노산과 각종 효소 등 영양소도 아주 풍부합니다.

꿀에 함유된 당분과 여러 미네랄은 신체의 신진대사 및 혈액 순환을 촉진하는데 도움을 주며, 외부의 세균이나 바이러스 등에 대항할 수 있는 면역력을 강화하는데 뛰어난 효과가 있습니다.

또한 꿀에 다량 함유된 무기질인 칼륨은 혈관 내 나트륨 및 노폐물을 외부로 배출시키는 작용을 하여 혈액 순환과 혈관 건강에 도움을 줍니다. 혈액 순환 작용이 개선되면서 고혈압이나 동맥경화와 같은 혈관 질환들을 예방하는데 큰 도움이 됩니다.

YES!
이렇게 먹어요

꿀에 풍부한 강력한 항산화 물질인 플라보노이드는 관절 통증 완화에 효과적입니다. 플라보노이드는 몸속 해로운 활성산소를 제거하여 염증을 막고 관절염 완화에 도움을 줍니다.

덴마크 코펜하겐대학교의 연구에 따르면 200명의 관절염 환자들을 대상으로 매일 아침 식사 전 꿀과 계핏가루를 먹게 한 결과, 1주일 후 73명의 관절염이 완화되었으며 1개월 후에는 거의 모든 환자가 통증 없이 걸을 수 있었다고 밝혔습니다. 이는 꿀에 풍부한 각종 항산화 성분과 계피의 신남알데히드가 강력한 항산화 효과를 발휘하여 염증 효소와 염증 유발 인자의 성장을 억제했기 때문입니다. 지긋지긋한 관절염으로 고생하고 있다면 꿀과 계피를 함께 먹어보세요.

또한 계피의 풍부한 항산화 성분들은 강력한 항암 효과를 자랑합니다. 특히 계피는 41가지 항산화 물질을 함유하고 있으며, 이는 암세포의 발생을 억제합니다. 국제 암 학술지에 실린 연구에 따르면 계피 추출물을 투여한 실험군은 암세포의 크기가 줄어들었으며 4주 후에는 80%까지 작아졌다고 합니다. 꿀 역시 항균력이 뛰어나 이상 세포의 생성을 막고, 면역력 강화와 암세포 억제를 돕습니다.

하루 한 잔 마시는 따뜻한 꿀 계피차

재료(1잔 기준)
○ 꿀 2큰술
○ 계핏가루 1/3큰술

1. 꿀과 계핏가루를 넣고 따뜻한 물을 부으면 됩니다.

NO!
이렇게 먹지 마세요

두유나 홍차와 함께 먹지 마세요

두유나 콩물, 홍차에 달콤함을 추가하기 위해 꿀을 타서 마시는 사람들이 많습니다. 두유는 우유보다 많은 단백질을 함유하고 있고 꿀에는 풍부한 유기산이 함유되어 있습니다. 몸속에서 단백질과 유기산이 만나면 서로 결합하여 인체에서 쉽게 흡수되지 않는 침전물이 생깁니다. 이 침전물은 소화기관에 부담을 주어 음식의 소화를 방해하고 복통이나 설사를 유발할 수 있습니다. 같은 이유로 두부와 꿀을 같이 먹거나 두부 반찬을 먹고 나서 꿀물을 마시는 행동도 소화에 좋지 않습니다.

또한 홍차에는 폴리페놀이 일종이 탄닌이 함유되어 있는데 이는 꿀과 궁합이 맞지 않습니다. 홍차 속 탄닌은 꿀의 철과 만나면 체내에서 흡수되지 않는 탄닌산철이라는 물질로 변합니다. 이렇게 생성된 탄닌산철은 그대로 몸 밖으로 배출되기 때문에 탄닌과 철의 영양 손실이 발생할 수 있습니다.

탄닌산철로 결합하는 과정에서 체내에 있는 철을 끌어당겨 빈혈이나 변비를 유발할 수 있습니다. 따라서 두유나 홍차에 단맛을 추가하고 싶다면 꿀보다는 약간의 설탕을 추가하는 것이 좋습니다. 설탕 대신 스테비아, 알룰로스 등의 대체 감미료를 사용하면 칼로리 걱정 없이 단맛을 낼 수 있습니다. 다만 대체 감미료에 대한 안정성 검증이 아직 충분하지 않기 때문에 주의가 필요합니다.

부추나 양파와 함께 먹지 마세요

부추와 양파는 꿀과 직접적으로 먹는 경우는 드물지만, 후식으로 꿀물이나 꿀이 함유된 간식을 먹는 경우가 있습니다. 부추에 함유된 비타민 C와 일부 식물성 화학 물질은 꿀의 효소 반응을 억제하여 꿀의 효능을 감소시킵니다. 또한 부추의 섬유소는 꿀의 소화 효소와 만나면 과도한 소화 작용으로 복통이나 설사 등을 유발할 수 있습니다. 같은 이유로 양파 역시 꿀과 같이 먹으면 영양소 파괴는 물론 소화기관에 부담을 줄 수 있습니다.

양파에 함유된 휘발성 성분인 유화알릴은 꿀과 만나면 체내에서 가스를 생성하여 복부 팽만이나 잦은 방귀 등 각종 부작용이 나타날 수 있으니 주의가 필요합니다. 이런 음식이나 반찬을 먹었다면 최소 2시간 정도의 간격을 두고 꿀을 섭취하기 바랍니다.

또한 꿀은 칼로리가 높고 당분 함량도 높아서 과다 섭취하면 혈당과 비만의 위험이 커질 수 있으니 하루 2큰술 이하로 먹는 것이 적절합니다.

냉이

| **효능** | 간 건강 / 고지혈증 예방 / 혈관 건강 | **제철 시기** | 봄 |

쌉쌀한 맛과 향이 일품인 냉이는 봄을 알리는 대표 나물로, 비타민과 칼슘, 무기질이 풍부해 약재로도 많이 활용되었습니다. 《동의보감》에도 냉이는 몸을 따뜻하게 하고 간에 쌓인 독을 풀어 주며, 피를 맑게 한다고 기록되어 있습니다. 냉이에 풍부한 각종 항산화 성분은 혈관 건강과 혈액 순환 개선에 도움을 줍니다.

시안자오퉁대학교 건강과학센터의 연구에 따르면 냉이의 풍부한 콜린은 혈압 조절과 혈관 질환 예방에 탁월한 효능이 있다고 밝혔습니다. 또한 충남대학교의 함량 분석에 따르면 냉이 100g에는 25mg의 콜린이 함유되어 있으며, 이는 배추의 5배, 무의 4배에 달하는 양이라고 합니다.

YES! 이렇게 먹어요

봄이 제철인 냉이는 나물이나 국, 찌개 등에 주로 활용됩니다. 이런 냉이와 달걀을 같이 먹으면 혈관 건강에 아주 좋은 영향을 줍니다. 냉이의 콜린은 티아민이라고 불리는 비타민 B1과 만나면 항산화 효과가 배가 되어 그 효능이 많이 증가합니다. 그래서 티아민이 풍부한 달걀과 냉이를 같이 먹으면 항산화 효과를 높일 수 있습니다.

고지혈증에 효과적인 냉이 달걀볶음

재료(2인분 기준)
- 냉이 80g
- 달걀 3개
- 양파 1/4개
- 참기름 1큰술
- 소금 약간
- 깨 약간

1. 냉이는 흐르는 물에 한 번 씻은 후 칼로 긁어 잔뿌리와 흙을 제거하고 헹굽니다. 냉이 손질을 잘못하면 흙이나 모래가 씹힐 수 있으니 주의하세요.
   TIP_ 냉이는 여러 번 물로 씻기보다 칼을 사용하여 꼼꼼하게 씻는 것이 더 좋습니다.

2. 달걀 3개를 깨서 잘 풀고 소금 2~3꼬집으로 간을 합니다. 달걀물이 준비되면 달군 팬에 기름을 두르고 달걀물을 조금씩 부어서 스크램블처럼 볶습니다.
   TIP_ 스크램블을 몽글몽글하게 익히려면 약불로 세기를 조절하세요.

3. 양파는 익어서 투명해질 때까지 중불에서 익히고, 양파가 익었다면 준비한 냉이를 넣어 1분 동안 같이 볶습니다. 양파와 냉이가 익으면 미리 만든 달걀을 넣고 잘 섞으면서 30초 동안 빠르게 볶습니다. 불을 끄고 참기름과 깨를 솔솔 뿌려 냉이 달걀볶음을 완성합니다.
   TIP_ 냉이의 베타카로틴은 지용성이기 때문에 생으로 먹으면 흡수율이 8%에 그치지만 기름에 볶으면 70%까지 증가합니다.

**NO!
이렇게 먹지 마세요**

냉이는 특별한 부작용은 없지만, 칼슘이 풍부하므로 결석 환자는 섭취에 주의하는 것이 좋으며, 하루 100g 이하로 먹는 것이 좋습니다. 이른 봄에 들판을 보면 냉이 캐는 사람을 볼 수 있는데, 차량 통행이 잦은 대로변이나 농약을 사용하는 농지 근처에서 난 냉이는 중금속 오염이 있을 수 있으니 주의하세요.

다시마

| 효능 | 심혈관 질환 예방 / 변비 개선 / 뼈 건강 | 제철 시기 | 봄 |

다시마는 바다의 불로초라고 불릴 정도로 각종 영양 성분이 풍부한 대표적인 해초입니다. 다시마는 생으로도 먹지만 육수 등의 부재료로 많이 활용됩니다. 다시마의 가장 대표적인 성분인 알긴산은 수용성 식이섬유로, 콜레스테롤과 혈압 조절에 탁월한 효능이 있어 고혈압과 심근경색, 심장병 등의 심혈관 질환 예방에 좋습니다. 또한 라미닌은 혈액 속에 있는 콜레스테롤이 혈관에 쌓이는 것을 방지하고 외부로 배출시켜 혈액 순환에 도움을 줍니다. 다시마에는 뼈를 건강하게 하는 무기질인 칼슘과 마그네슘이 다량 함유되어 있어 뼈를 튼튼하게 해 줄 뿐만 아니라 골밀도를 강화하는데 도움을 주고, 골격이 형성되는 성장기의 어린이나 성인 골다공증 예방에도 효과적입니다.

YES! 이렇게 먹어요

미역과 다시마 등 갈조류에 함유된 알긴산은 다이어트와 변비 개선에 뛰어난 효능이 있습니다. 알긴산은 다당류의 천연 식이섬유로 끈적거리는 점액질의 성분으로, 장운동을 촉진해서 배변 활동을 원활하게 하며 불필요한 지방과 노폐물을 배출하는 역할을 합니다.

영국 뉴캐슬대학교의 연구에 따르면 다시마에 풍부한 알긴산은 지방의 흡수를 75%까지 차단해 준다고 합니다. 또한 소장 내에서 콜레스테롤과 잉여 지방을 흡착하여 내장지방이 쌓이는 것을 방지하는 효과도 뛰어납니다. 이런 알긴산을 쉽고 편하게 그리고 더 효과적으로 먹는 방법은 바로 다시마차로 마시는 것입니다.

알긴산은 수용성 식이섬유이기 때문에 물에 불리거나 녹이면 더 많은 양이 용출되며 흡수율 또한 높아집니다. 다시마차는 별도의 요리나 손질 없어 매일 꾸준히 마실 수 있다는 장점이 있습니다. 특히 식사 전 다시마차를 마시면 포만감은 물론 위와 장운동을 활발하게 하여 음식의 소화를 원활하게 하고, 불필요한 영양소의 배출도 돕습니다.

뱃살과 숙변 제거에 좋은 다시마차

재료
○ 다시마 1장

1. 다시마를 준비하고 키친타월이나 헝겊으로 표면에 묻어 있는 하얀 가루를 살짝 닦습니다.
   TIP_ 다시마 표면의 가루는 염분이나 곰팡이가 아니고 만니톨이란 당질의 일종으로 다시마의 감칠맛을 향상합니다. 하지만 차로 마실 때는 감칠맛이 약한 것이 좋으니 살짝 닦는 것이 좋습니다.

2. 가위를 사용해서 다시마를 약 1~2cm 크기로 잘게 자릅니다.

TIP_ 다시마를 자르면 측면 부분에서 영양분이 쉽게 빠져나올 수 있습니다.

3. 기름을 두르지 않은 팬에 넣고 자른 다시마를 1~2분 동안 덖습니다. 다시마를 덖으면 영양분이 증가하고 차로 끓였을 때 맛도 좋습니다.
TIP_ 덖은 다시마는 지퍼백이나 밀폐용기에 담아 오랫동안 보관이 가능하니 한 번에 넉넉하게 만들어서 사용하기 바랍니다.

4. 덖어낸 다시마는 뜨거운 물 1컵에 약 1작은술 정도 넣고 우려서 마시면 됩니다. 차를 우리는 시간은 5분 정도가 적당하며, 다시마 건더기는 씹어서 같이 먹습니다.

NO! 이렇게 먹지 마세요

갑상샘항진증과 같은 갑상선 질환이 있다면, 다량의 요오드 섭취가 문제가 될 수 있으니 과다 섭취를 주의하세요. 또한 다시마는 차가운 성질을 가지고 있기 때문에 평소 몸이 차가운 사람은 과다 섭취할 때 배가 더부룩하게 불러오고 복통과 설사를 유발할 수 있습니다.

해조류에 알레르기가 있다면 부작용이 있을 수 있으니 체질을 잘 확인하고 섭취합니다. 다시마의 적정 섭취량은 하루에 8g 정도로, 3x5cm 크기의 1장 정도입니다.

단감

| 효능 | 치매 예방 / 위장 건강 / 노화 방지 | 제철 시기 | 가을 |

아삭하고 달콤한 맛의 단감은 가을에 나는 천연 보약이라 불립니다. 10월에서 12월까지가 제철인 감은 동아시아 특유의 과일로 우리나라뿐만 아니라 중국과 일본에서 주로 재배됩니다. 숙성 상태와 보존 방법에 따라 단감, 홍시, 연시, 곶감 등으로 다양하게 즐길 수 있습니다. 감에는 사과의 10배에 달하는 비타민 C와 탄닌, 스코폴레틴 등 건강에 도움을 주는 성분들이 가득합니다.

YES! 이렇게 먹어요

감에 풍부한 베타카로틴은 뛰어난 항산화 물질로 치매 예방과 노화 방지 등의 효과가 있습니다. 미국내과학회의 자료에 따르면 베타카로틴의 꾸준한 섭취가 기억력과 사고능력, 인지기능의 감소를 막을 수 있다고 합니다. 미국 브링엄병원은 18년간 4,052명의 노인을 대상으로 실험한 결과, 베타카로틴의 섭취 기간이 길수록 언어 기억력을 포함한 인지기능의 점수가 높은 것으로 나타났습니다. 베타카로틴은 뇌세포 손상을 유발하는 산화 스트레스를 감소시켜 치매 예방에 도움이 되기 때문입니다.

하지만 이 성분은 단단한 세포벽에 둘러싸여 있어서 그냥 먹으면 흡수율이 8%에 그치기 때문에 익히면 최대 7배까지 증가시킬 수 있습니다. 그래서 단감은 감말랭이로 만들어 먹는 것이 치매 예방을 위해 더 좋습니다.

감말랭이는 전자레인지나 식품 건조기를 이용해서 쉽고 빠르게 만들 수 있는데, 감이 가열되는 과정에서 세포벽이 파괴되어 베타카로틴의 흡수율을 높입니다.

치매 예방에 좋은 감말랭이

재료(2개 기준)
○ 단감 2개

1. 먼저 잘 씻은 단감의 껍질을 깎고 반으로 자릅니다.

2. 씨와 꼭지를 제거한 단감을 1cm의 두께로 썰고 전자레인지에 넣어 5분 동안 돌린 후 전자레인지 문을 열고 30초 동안 열기를 식힙니다.

3. 젓가락으로 단감의 앞뒤를 뒤집어 주고 다시 전자레인지에 넣어 5분 동안 돌립니다.

TIP_ 앞뒤로 각각 5분씩 돌리면 단감의 크기도 줄고 수분도 많이 날아간 것을 확인할 수 있습니다.

4. 감의 두께나 전자레인지의 출력에 따라 차이가 날 수 있으니 만들 때는 타지 않도록 잘 확인합니다.

5. 전자레인지로 익힌 감은 햇볕이 잘 들고 통풍이 잘되는 곳에 하루 정도 말리면 꼬들꼬들하고 쫀득쫀득한 감말랭이가 완성됩니다.

NO! 이렇게 먹지 마세요

게와 함께 먹지 마세요

게는 감과 같이 먹으면 안 되는 대표적인 상극 음식입니다. 게와 감의 조합은 역사적으로 독살 수단으로 쓰였을 정도입니다.

영조가 연잉군인 시절, 게장과 감을 진상하여 경종이 탈을 나게 만든 후 그의 체질에 맞지 않는 인삼을 약재로 써서 상해를 입혀 왕위에 올랐다고 전해질 정도로 상극입니다.

《본초강목》에도 감과 게를 함께 먹으면 복통과 설사가 난다고 기록되어 있습니다. 신선도가 빨리 떨어지는 게는 식중독균의 번식이 매우 잘되어 세균성 식중독을 일으키기 쉬운데, 이때 수렴 작용을 하는 감의 탄닌이 더해져 비브리오균의 번식을 촉진하게 됩니다. 예로부터 게를 먹고 난 뒤 감을 먹으면 식중독을 일으켜 사망에 이를 수 있으니 토를 해서라도 배출하는 것이 좋다는 이야기가 나오는 이유입니다. 게를 먹었다면 반나절 정도는 감을 먹지 마세요.

도토리묵과 함께 먹지 마세요

도토리묵과 감을 같이 먹는다면 소화불량과 빈혈이 일어날 수 있는데, 둘 다 탄닌이 풍부하기 때문입니다. 탄닌은 장 속의 지방과 결합하면 변을 굳게 만들어 변비를 유발할 수 있습니다. 또한 적혈구를 만드는 철분이 탄닌과 결합해 철분의 흡수를 방해하여 빈혈을 일으킬 수 있습니다. 철분이 부족하면 빈혈 이외에도 뇌 동맥이 부풀어 두통을 일으키거나 심한 피로를 느낄 수 있습니다. 도토리묵을 먹은 뒤 후식으로 감이나 곶감을 먹는 행동은 피하세요.

단호박

효능	혈관 건강 / 다이어트 / 치매 예방	제철 시기	가을

단호박은 베타카로틴과 각종 비타민, 무기질 등이 풍부한 건강식품으로, 부드러운 식감과 달콤한 맛을 가지고 있으며 찜이나 구이, 샐러드, 수프 등 다양한 요리로 활용됩니다. 단호박에 풍부한 각종 비타민과 무기질, 항산화 성분은 맛은 물론 건강에도 많은 도움을 줍니다.

단호박은 혈중 콜레스테롤 수치를 감소시키고, 혈액 순환을 원활하게 만들어 주며 혈관 건강 개선에도 효과적입니다. 미국 국립암연구소에 따르면 단호박의 풍부한 성분들은 각종 암의 발생률을 낮추고 혈관 건강에 큰 도움을 준다고 합니다. 동맥경화나 고혈압 등의 심혈관 질환 예방에도 좋은 영향을 주니 꾸준히 먹으면 좋습니다.

**YES!
이렇게 먹어요**

단호박에 풍부한 베타카로틴과 레시틴은 치매 예방에 큰 도움을 줍니다. 강력한 항산화 물질인 베타카로틴은 브로콜리보다 1.5배나 더 많습니다. 영국 버밍엄의과대학교의 연구에 따르면 단호박에 풍부한 베타카로틴은 뇌세포의 산화적 손상을 방지하고 인지기능을 개선하여 치매 예방에 도움을 준다고 합니다. 또한 레시틴은 뇌의 기억력과 깊은 관계가 있는 아세틸콜린의 양을 증가시켜 치매를 예방합니다. 치매 예방에 좋은 단호박과 같이 먹으면 그 효능을 더욱 극대화할 수 있는 식재료가 바로 고등어입니다.

오메가3가 풍부한 고등어는 치매 예방에 탁월한 음식 중 하나로, 오메가3를 구성하는 DHA는 뇌세포 간 원활한 연결을 도와 신경호르몬 전달을 촉진하고 두뇌 작용 향상에 도움을 줍니다. 네덜란드에서 시행한 연구에 따르면 1주일에 한 번이라도 고등어와 같은 생선을 먹으면 알츠하이머 치매 위험도가 60% 감소한다는 연구 결과도 있습니다.

치매 예방에 효과적인 단호박과 고등어는 조림으로 먹는 것이 좋습니다. 단호박의 베타카로틴은 고등어의 불포화지방산과 만나면 체내 흡수율이 6배까지 증가하여 그 효능을 극대화할 수 있습니다.

치매 예방에 좋은 단호박 고등어조림

재료(2인분 기준)
○ 단호박 1/2개
○ 고등어 1마리
○ 물 2컵과 1/2컵

양념장
○ 고추장 1큰술
○ 고춧가루 2큰술
○ 간장 2큰술
○ 다진 마늘 1큰술
○ 설탕 약간
○ 소금 약간

1. 단호박은 껍질째 흐르는 물에 씻어 길쭉하게 자르고, 냄비에 물 2컵과 1/2컵을 넣고 끓기 시작하면 단호박을 넣어 5분 동안 끓입니다.
   TIP_ 단호박은 껍질에 베타카로틴이 매우 풍부하게 함유되어 있으므로 껍질째 사용합니다.

2. 손질된 고등어와 양념장을 올리고 뚜껑을 닫고 중불에서 끓입니다.
   TIP_ 중간중간 뚜껑을 열고 젓가락으로 단호박을 찔러 보았을 때 쑥 들어가면 잘 익은 것입니다.

3. 기호에 따라 대파와 고추를 넣어 단호박 고등어조림을 완성합니다.
   TIP_ 조리하거나 접시에 담을 때 너무 뒤적이면 단호박과 고등어 살이 떨어질 수 있어요.

NO!
이렇게 먹지 마세요

단호박은 소화 시간이 매우 길어 다이어트에 좋지만 소화 기능이 약하거나 배에 가스가 잘 차는 사람, 만성 위장장애가 있다면 주의하세요. 또한 단호박에 풍부한 비타민 A는 과다 섭취하면 몸에 피로를 느끼고 두통이 생길 수 있으니 단호박의 하루 적정 섭취량인 1/4~1/2개(100~250g) 정도만 먹는 것이 좋습니다.

달걀

| 효능 | 면역력 강화 / 혈압 관리 / 다이어트 | 제철 시기 | 상시 |

달걀은 완전식품이라 불릴 정도로 영양소를 고루 갖춘 음식 중 하나입니다. 달걀 1개에는 각종 비타민, 단백질, 무기질 등 신체에 필요한 영양소가 대부분 함유되어 있습니다. 저렴한 가격에 편리하게 섭취할 수 있어 반찬이나 간식으로 즐겨 먹고 있습니다.

달걀에 풍부한 셀레늄과 비타민 D는 면역체계 강화에 큰 도움을 주는 성분으로, 갑상샘 호르몬을 조절하고 대식세포의 활동을 증가시켜 신체 유해균을 억제하는 효과가 있습니다. 또한 달걀은 비타민 C가 풍부하여 혈관 내피 기능을 향상하고, 혈전의 생성을 억제합니다.

달걀은 1개만 먹어도 포만감을 느낄 수 있으며, 풍부한 영양소를 섭취하면서 체중조절을 할 수 있습니다. 영양과 식품과학 학술지의 논문에 따르면 정기적으로 달걀을 먹으면 영양상 유익성을 유지하면서 체중조절에 도움을 준다고 밝혔습니다.

YES! 이렇게 먹어요

달걀은 최고의 멜라토닌 공급 식품으로 숙면을 이루는데 큰 도움을 줍니다. 멜라토닌은 수면 호르몬이라 불리며, 마음을 편안하게 하고, 근육 이완을 통해 숙면을 유도합니다. 비타민 B와 비타민 D, 마그네슘, 셀레늄 등이 부족하면 수면 시간이 짧아지고 깊은 수면에 들기 어렵습니다. 하지만 저녁에 달걀을 먹는다면 이 모든 비타민과 미네랄을 충분히 섭취할 수 있어 불면증 완화에 효과적입니다.

또한 달걀을 부추와 같이 먹는다면 그 효능을 더욱 높일 수 있습니다. 부추에 풍부한 프리바이오틱스 성분은 스트레스를 감소시키고 불면증 완화에 도움을 주는데, 미국 콜로라도대학교의 연구에 따르면 프리바이오틱스 성분이 장내 미생물의 균형을 이루어 수면과 기상 주기를 정상적으로 되돌릴 수 있다고 발표하였습니다. 그뿐만 아니라 달걀에 부족한 식이섬유와 무기질 성분을 부추가 보완해 영양학적으로도 이 둘의 궁합은 아주 좋습니다. 숙면에 도움을 주는 부추를 달걀찜에 추가해서 저녁 반찬으로 먹는다면 불면증 완화에 큰 도움을 줍니다.

숙면에 도움을 주는 부추 달걀찜

재료(2인분 기준)
- 달걀 4개
- 부추 50g
- 물 100mL
- 액젓 1큰술
- 소금 약간

1. 먼저 그릇에 달걀을 깨서 풀고, 소금 2~3꼬집으로 간을 합니다.
   TIP_ 달걀을 풀 때 가위로 잘게 잘라서 알끈을 끊어주면 훨씬 잘 풀리고 부드럽습니다.
   TIP_ 기호에 따라 새우젓으로 간을 해도 됩니다.

2. 잘 씻은 부추를 잘게 썰고, 미리 만든 달걀물에 넣어 잘 섞습니다.

3. 재료가 준비되었다면 냄비나 뚝배기에 물 100mL를 넣고 액젓도 1큰

술 넣어 바글바글 끓입니다.
TIP_ 액젓이 감칠맛을 더해 주고 잡내도 잡아 줍니다.

4. 물이 끓으면 준비한 달걀물을 넣고 중불에서 계속 젓습니다. 젓지 않으면 눌어붙고 타기 때문에 천천히 젓습니다.

5. 달걀이 몽글몽글 뭉치면서 약간 걸쭉한 농도가 되었다면 뚜껑을 덮고 약불로 줄입니다. 약 2~3분 정도 지나면 맛있는 부추 달걀찜 완성입니다.
TIP_ 뚜껑이 없다면 밥공기를 사용해도 좋습니다.

NO!
이렇게 먹지 마세요

달걀 반찬을 먹고 난 후 감을 절대 후식으로 먹지 마세요. 이 두 가지 음식을 같이 먹거나 위장에서 섞이게 되면 식중독에 걸릴 위험이 있으며, 두통이나 설사, 구토 등의 증상이 나타날 수 있습니다. 심할 때는 급성 위장염과 폐 결석을 초래할 수도 있으니 주의하세요.

소화기 질병이 있거나 염증 등으로 약을 먹는다면 달걀을 먹고 약을 복용하는 것을 피해야 합니다. 달걀 100g당 약 13g의 풍부한 단백질은 소화 과정에서 위장에 부담을 줍니다. 그런데 약까지 들어가면 위장의 부담이 더욱 가중되기 때문에 위장장애가 나타날 수 있습니다. 염증이나 소화기 관련 약을 복용하고 있다면 달걀의 섭취는 주의하세요.

달래

효능	뼈 건강 / 염증 제거 / 혈관 건강	제철 시기	봄

달래는 톡 쏘는 매운맛과 향긋한 향으로 봄을 알리는 대표 식재료 중 하나입니다. 달래는 무침이나 나물, 전, 찌개 등 다양한 요리에 폭넓게 활용됩니다. 풍부한 알리신과 각종 비타민, 무기질 등은 건강에도 많은 도움을 줍니다.

달래에는 100g당 169mg의 아주 풍부한 칼슘이 함유되어 있는데, 시금치의 4배에 달하는 양으로 뼈와 치아 건강에 좋습니다. 최근 국민영양통계에 따르면 우리나라 성인의 칼슘 섭취량은 권장량의 70% 밖에 되지 않는다고 합니다. 칼슘이 풍부한 달래를 꾸준히 먹으면서 뼈와 치아 건강을 지킵시다.

YES! 이렇게 먹어요

달래의 매운맛을 내는 알리신은 몸속 염증 제거에 큰 도움을 주는 성분입니다. 알리신은 항균과 살균 작용이 뛰어나며, 염증을 유발하는 단백질을 제거하여 염증 물질을 억제합니다. 국립암센터의 연구에 따르면 평소 알리신이 풍부한 음식을 꾸준히 먹은 사람은 적게 먹은 사람에 비해 염증 반응이 크게 줄어들었으며, 대장암에 걸릴 위험 또한 절반 수준으로 낮았다고 합니다.

달래는 자르거나 으깨는 과정에서 알린이 알리나아제와 결합하여 알리신이 생성됩니다. 그래서 달래는 꼭꼭 씹어먹거나 으깨서 먹는 것이 좋습니다.

달래의 항염증 효과를 더욱 높이려면 달걀과 함께 먹는 것이 좋습니다. 달래의 알리신은 달걀 속 티아민과 결합하면 흡수율이 10배 이상 높은 알리티아민이 되기 때문입니다. 알리티아민은 장내 세균에도 파괴되지 않고, 체내에 오래 머물며 그 효능을 극대화할 수 있습니다. 그로 인해 염증 억제는 물론 신진대사 촉진과 노화 방지 등의 효과가 있습니다.

염증 제거에 효과적인 달래 달걀국

재료(2인분 기준)
- 달래 50g
- 달걀 3개
- 양파 1/4개
- 국간장 2큰술
- 물 500mL
- 소금 약간

1. 먼저 잘 씻은 달래를 먹기 좋은 크기로 자르고 양파 1/4개도 채를 썰어서 준비합니다.
   TIP_ 달래 알뿌리 부분의 누런 겉껍질과 뿌리 안쪽의 까만 흑색 돌기를 제거한 후 흐르는 물에 깨끗이 씻습니다.
   TIP_ 머리 부분 중 큰 것 몇 개는 으깨서 국물용으로 사용하면 좋습니다.

2. 물 500mL에 국간장 또는 멸치액젓 2큰술을 넣어 물을 끓이고, 달걀

3개는 소금 2~3꼬집을 넣고 잘 풉니다.

3. 국물이 끓어오르면 채 썬 양파와 빻아 놓은 달래를 넣고 한 번 더 끓입니다.

4. 1분 정도 지나면 풀어 놓은 달걀물로 원을 그리며 살며시 붓습니다.
   TIP_ 이때 바로 젓지 말고 20~30초 후 살짝만 저어야 더 몽글몽글하고 맛있습니다.

5. 달걀국이 끓으면 준비한 달래를 소복하게 올리고 불을 끕니다.
   TIP_ 달래의 유효 성분은 열에 약하니 오랫동안 가열하지 않는 것이 좋습니다.

NO! 이렇게 먹지 마세요

달래는 따뜻한 성질을 지닌 식재료로, 열이 많은 사람에게는 좋지 않으므로 과다 섭취에 주의하세요. 또한 체질적으로 위가 약한 사람도 주의합니다. 달래의 알리신으로 인한 속쓰림 증상이 나타날 수 있습니다.

달래는 산이나 들, 야생에서 자랐을 때 매운맛이 강하고 향이 좋습니다. 달래는 줄기와 뿌리를 같이 먹는 채소로 잎은 진한 녹색을 띠고 있으며, 알뿌리는 둥글고 통통한 것을 고릅니다. 알뿌리가 클수록 매운맛은 강하지만 식감이 질겨질 수 있으므로 적당한 크기의 것을 고릅니다.

당근

| 효능 | 뇌졸중 예방 / 간 건강 / 폐 건강 | 제철 시기 | 겨울 |

당근은 미나릿과의 뿌리채소로 식생활에서 널리 사용되는 식품입니다. 당근에는 각종 비타민과 섬유질, 항산화 성분이 매우 풍부해 한방에서는 약재로 쓰이기도 하였습니다. 당근에는 비타민 A, 베타카로틴, 루테인 등 여러 영양소가 풍부해 건강에 많은 도움을 줍니다.

당근에 풍부한 각종 항산화 성분과 칼륨은 뇌졸중 예방에 효과적입니다. 미국 하버드대학교 의과대학의 연구에 따르면 8년간 9만 명을 대상으로 1주일에 5번 이상 당근을 먹은 사람들은 그렇지 않은 사람들에 비해 뇌졸중 발병 위험도가 67%나 감소하였다고 합니다. 이는 항산화 성분과 칼륨이 콜레스테롤 감소와 혈류 개선은 물론 뇌세포를 보호하기 때문입니다.

YES! 이렇게 먹어요

당근의 핵심 성분인 베타카로틴은 강력한 항산화 작용으로 우리 몸의 독성 물질과 발암물질을 무력화시킬 수 있습니다. 이런 작용들은 폐에 쌓인 노폐물 배출은 물론 염증 예방, 세포 노화 방지 등 다양한 효능이 있습니다. 하지만 당근을 생으로 먹으면 베타카로틴의 흡수율은 8% 밖에 되지 않아서 당근의 건강상 이점을 높이기 위해서는 당근을 익혀서 사과와 함께 갈아서 먹는 것이 좋습니다.

당근은 생으로 먹는 것보다 익혀서 먹으면 섬유 조직이 연해지면서 베타카로틴의 체내 흡수율이 2배 이상 증가합니다. 또한 베타카로틴은 지용성이라 기름과 같이 먹으면 그 흡수율이 8배까지 증가합니다. 같이 먹는 사과 역시 상큼한 맛을 더해 줄 뿐만 아니라 당근의 향을 잡아 주고, 폐를 보호해 주는 역할도 합니다. 국립암센터의 자료에 따르면 사과의 퀘세틴은 각종 대기 오염 물질과 흡연 등으로부터 폐를 보호하여 폐암을 막아 준다고 합니다.

폐 속 노폐물 배출에 좋은 당근 사과주스

재료(2잔 기준)
○ 당근 1개
○ 사과 1개
○ 올리브유 1큰술
○ 물 1컵

1. 당근과 사과는 물 1L에 밀가루 3큰술을 풀어 밀가루 물로 깨끗하게 씻습니다.
   TIP_ 당근과 사과는 알맹이보다 껍질에 베타카로틴과 펙틴이 더욱 풍부하니 깨끗하게 씻어 껍질째 사용하는 것이 좋습니다.

2. 세척이 끝난 사과와 당근은 갈기 편하게 자르는데, 당근은 반을 가른 후 엇갈려 썰어 노출되는 면적을 늘리면 더 골고루 익힐 수 있습니다.

3. 자른 당근은 끓는 물에 넣어 약 5분 동안 익힙니다.

TIP_ 당근을 익히면 섬유 조직이 연해지면서 소화도 잘되고 베타카로틴의 흡수율도 증가합니다.

4. 익힌 당근은 한 김 식힌 후 잘라 놓은 사과와 함께 믹서기에 넣고 물 1컵과 올리브유 1큰술도 같이 넣습니다.
TIP_ 올리브유를 넣으면 베타카로틴을 포함한 각종 지용성 영양소의 흡수율을 높입니다.

5. 30초 이상 충분히 갈면 폐 건강에 탁월한 당근 사과주스 완성입니다.

NO!
이렇게 먹지 마세요

당근의 베타카로틴은 산소와 만나면 빠르게 산화됩니다. 당근을 미리 썰어서 냉장고에 보관한다고 해도 자르는 순간부터 일부 영양 성분이 파괴됩니다. 조리하기 직전에 씻고 잘라서 사용하는 것이 항산화 성분의 손실을 막는 가장 좋은 방법입니다.

당근을 갈아서 주스로 마시거나 샐러드로 먹는 사람이 많습니다. 하지만 시금치, 오이, 무처럼 비타민 C가 풍부한 채소와 섞어서 먹는 것은 피하는 것이 좋습니다. 당근에는 비타민 C 분해 효소인 아스코르비나제가 함유되어 있기 때문입니다. 아스코르비나제는 다른 채소의 비타민 C를 파괴하여 영양의 손실을 유발하는 성분입니다. 하지만 이 성분은 산성에 약해 식초나 레몬즙을 섞어서 먹는다면 손실을 막을 수 있습니다.

대추

| 효능 | 간 건강 / 불면증 예방 / 냉증 치료 / 이뇨 작용 | 제철 시기 | 가을 |

대추는 예로부터 몸을 따뜻하게 만들어 차는 물론 약재로도 사용되었습니다. 《동의보감》과 《본초강목》에도 대추에 대해 성질은 평하고 달고 독이 없으며, 소화기를 튼튼하게 하고 오장을 보호한다고 기록되어 있습니다. 대추에는 폴리페놀과 각종 항산화 성분이 풍부해 지방간 예방뿐만 아니라 간 건강을 지키는데 큰 도움을 줍니다. 대추에는 활성산소 제거를 돕는 폴리페놀이 풍부하며, 싸이클릭 AMP 또한 함유되어 있습니다. 이 성분들은 항염증과 항지질 효과가 뛰어나 간 질환의 예방과 완화에 좋습니다.

생대추 1g에는 15mg의 폴리페놀이 함유되어 있지만, 대추를 말리면 그 함량이 3배 이상 증가합니다. 그래서 생대추보다 건대추를 활용해서 대추차를 끓여 먹는 것이 건강에 더 유익합니다.

YES! 이렇게 먹어요

대추는 단독으로 먹는 것도 좋지만 음식 궁합을 생각한다면 양파, 구기자와 함께 먹는 것이 그 효능을 극대화할 수 있습니다. 양파의 쿼르세틴은 뛰어난 해독 작용으로 간 속 지질을 낮춰 간에 축적된 지방을 분해하는 효과가 있습니다.

특히 양파 속보다 양파 겉껍질에 60배 이상 풍부하니 껍질을 꼭 활용하세요. 구기자 또한 콜린 대사물질인 베타인과 각종 아미노산이 풍부하여 간 건강에 큰 도움을 줍니다. 간의 지방 분해는 물론 간 재생 기능을 활성화하여 간염과 간경변증 예방에도 효과적입니다.

구기자에는 각종 비타민과 칼슘 등 다양한 영양소가 고루 들어 있어 추운 날씨에 약해질 수 있는 면역력을 향상시키는 역할도 합니다.

간 건강에 탁월한 대추 구기자차

재료(2L 기준)
- 말린 대추 10개
- 구기자 1줌
- 양파 1/2개
- 물 2L

1. 모든 재료는 흐르는 물에 깨끗하게 씻어 먼지나 이물질을 제거합니다. 대추는 씨와 껍질에도 영양가가 풍부하니 껍질과 씨도 제거하지 않고 통째로 사용합니다.
   TIP_ 대추는 잘 우러나오도록 칼집을 살짝 냅니다. 칼집을 내지 않으면 대추가 불기는 하지만 맛과 영양이 충분히 우러나오지 않으니 꼭 칼집을 내는 것이 중요합니다.

2. 양파도 껍질에 영양소가 풍부하니 지저분한 부분만 제거하고 껍질을 최대한 활용하는 것이 좋습니다.

3. 냄비나 주전자에 물 2L를 붓고 준비한 재료를 하나씩 넣어 물이 끓기 시작하면 약불로 줄여 20~30분 정도 더 끓입니다. 간 건강에 좋은 향긋한 대추 구기자차가 완성됩니다. 이렇게 끓인 대추 구기자차

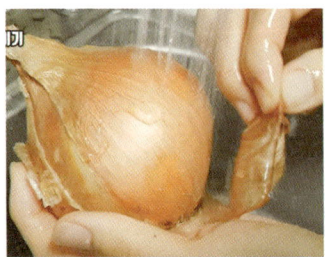

는 냉장 보관이 가능하며 1주일 이내로 마시는 것이 좋습니다.
TIP_ 너무 오래 끓이면 맛이 떨어지거나 차가 탁해질 수 있으니 30분 이내로 끓이는 것이 좋습니다.

NO!
이렇게 먹지 마세요

대추의 칼로리는 생대추의 경우 100g당 99kcal, 건대추의 경우 300kcal 정도로 열량이 높은 편에 속합니다. 그래서 다이어트를 하고 있다면 대추를 너무 많이 섭취하지 않도록 주의하세요. 또한 생대추를 너무 많이 섭취하면 설사나 복통 증상도 발생할 수 있으며, 평소 몸에 열이 많거나 가래가 있다면 섭취를 주의하세요.

대추차는 하루 3잔 이내로, 생대추는 10개 이하로 섭취하면 도움이 됩니다. 대추는 단맛이 강하여 습기를 돕기 때문에 몸속의 습기와 담이 많다면 먹지 않는 것이 좋습니다. 또한 대추는 파나 물고기와 궁합이 맞지 않으므로 함께 먹는 것은 피해야 합니다.

대파

| 효능 | 혈관 건강 / 혈당 관리 / 위장 건강 | 제철 시기 | 겨울 |

대파는 배추, 무 등과 함께 일상에서 가장 쉽게 접할 수 있는 채소로, 특유의 향과 매운맛이 특징이며 국이나 볶음, 조림 등 다양한 요리에 활용됩니다. 대파에는 칼슘, 인, 철 등 각종 무기질과 비타민, 알리신이 풍부해 건강에도 좋습니다.

대파에 풍부한 황화알릴은 혈액을 맑게 해 주고 혈관 건강을 지켜 주며, 혈중 콜레스테롤 수치 감소와 혈전을 제거하고 혈액 순환을 원활하게 만듭니다. 이런 작용들은 고혈압이나 동맥경화 등 각종 혈관 질환 예방에 큰 도움을 줍니다.

대파에 함유된 만난이라는 성분은 위 건강 증진에 탁월한 효능이 있는데, 위벽을 보호하는 동시에 소화를 촉진해 위의 부담을 줄여 위를 건강하게 만들어 줍니다. 파의 파란 잎 부분을 자를 때 나오는 끈적한 점성 물질인 만난은 장 점막도 보호해 장염이나 과민성 대장 증후군에도 좋습니다.

YES! 이렇게 먹어요

대파에 풍부한 마그네슘과 알리신은 혈당을 낮추고, 당뇨병 예방에 도움을 줍니다. 마그네슘은 몸에 흡수되면 혈관 속 중성지방과 혈당 수치를 크게 내려 주고, 혈관을 깨끗하게 하여 당뇨병 합병증 개선에도 효과적입니다. 미국 농무부의 자료에 따르면 대파 속 마그네슘 함량은 100g당 23mg으로, 마늘의 4.6배, 양파의 2.3배에 달하는 양입니다. 마그네슘을 꾸준히 섭취하면 당뇨병 발병 위험이 약 50%까지 낮아진다는 연구결과도 있습니다.

또한 대파에 함유된 알리신은 항균 작용이 뛰어난 성분으로 60도 이상으로 가열하면 아조엔으로 분해됩니다. 아조엔은 체내 노폐물과 독소 배출을 촉진해 당뇨병이나 고지혈증과 같은 대사질환을 예방하고 체지방을 분해하는 효과도 있습니다.

대파는 볶아서 먹는 것이 좋으며, 대파와 양파, 달걀로 만든 대파 볶음은 맛은 물론 혈당 안정화에 아주 효과적입니다. 양파의 퀘르세틴과 크롬도 포도당 대사의 항상성을 유지하여 인슐린 작용을 촉진시키고, 당수치 조절을 돕습니다. 또한 함께 사용되는 달걀 역시 풍부한 칼슘으로 대파의 마그네슘 흡수율을 크게 높여 줍니다.

혈당 안정화에 좋은 대파볶음

재료(2인분 기준)
- 대파 1대
- 양파 1/4개
- 달걀 2개
- 식용유 적당량

1. 대파는 잘 구울 수 있게 얇게 자르고, 양파는 먹기 좋게 결 방향으로 채 씁니다.
   TIP_ 대파를 두껍게 자르면 잘 익지 않고 질길 수 있으니 적당한 두께로 자릅니다.
2. 달걀은 물을 조금 추가하여 흰자와 노른자가 잘 섞이게 풀어 둡니다.

3. 살짝 달군 팬에 기름을 적당량 두른 후 대파와 양파를 넣고 살짝 볶다가 어느 정도 익으면 달걀물을 골고루 뿌립니다.
TIP_ 스크램블처럼 모든 재료가 잘 익도록 빙글빙글 저으면서 볶습니다.

4. 기호에 따라 버섯이나 고추 등을 추가하세요.

**NO!
이렇게 먹지 마세요**

대파는 몸을 따뜻하게 하므로 체질상 몸에 열이 많거나 땀을 많이 흘린다면 좋지 않으며, 과다 섭취하면 대파의 자극 성분으로 인해 위장 장애 증상을 겪을 수 있습니다. 대파의 하루 적정 섭취량은 약 1대(100g) 정도입니다.
대파의 알리신은 휘발성이라서 물에 오래 담가 놓거나 가열 시간을 길게 하지 않는 것이 좋습니다.

더덕

효능	염증 제거 / 당뇨병 개선 / 폐, 기관지 건강 / 피로 회복	제철 시기	겨울

더덕은 특유의 향과 맛을 가지고 있으며, 백삼, 사삼이라고 불리는 식재료입니다. 《동의보감》에 따르면 기관지와 호흡기의 기능을 보호하고 폐의 열을 내리며, 가래를 없앤다고 나와 있습니다. 더덕에 풍부한 사포닌과 칼륨, 철분 등 다양한 무기질은 기관지와 폐는 물론 염증 제거와 당뇨병 개선 등 건강에 이로운 점이 많습니다. 사포닌은 염증을 완화하는 소염 작용에 탁월한 효과가 있으며, 체내 독소와 각종 유해 물질들을 제거하여 염증 제거에 뛰어나 아토피와 같은 피부 질환은 물론 인후염과 편도선염 등 각종 염증성 질환의 예방과 완화에도 좋습니다. 더덕에는 천연 인슐린이라 불리는 이눌린이 풍부하여 뛰어난 혈당 조절 작용으로 당뇨병의 예방과 개선에도 좋습니다.

YES! 이렇게 먹어요

더덕에 풍부한 사포닌은 폐 기능과 기관지 건강에 탁월한 효능이 있습니다. 사포닌은 기관지를 보호하고 점막을 촉촉하게 만들며, 기관지 점액 분비를 촉진하여 기침과 가래, 폐 건강에 도움을 줍니다. 농촌진흥청에서도 더덕을 미세먼지로 취약해진 기관지와 폐 등 호흡기 건강에 좋은 약초로 추천하고 있습니다.

뛰어난 효능이 있는 더덕의 사포닌을 가장 효과적으로 섭취하는 방법은 쪄서 바로 먹는 것입니다. 한국생명공학연구원에 따르면 사포닌은 쪘을 때 당류가 떨어져 나와 세포막 안으로 흡수가 잘된다고 밝혔습니다. 사포닌은 체내에서 금세 녹아 버리는데 지질로 구성된 세포막이 이를 밀어내기 때문에 그냥 먹으면 사포닌의 체내 흡수율은 현저히 낮지만, 찌게 되면 사포닌에서 당류가 떨어져 나와 세포막 안으로 흡수가 잘된다고 합니다. 이러한 원리는 홍삼의 효능이 좋은 이유이기도 합니다.

폐와 기관지 건강에 좋은 더덕찜

재료(2인분 기준)
○ 더덕 2뿌리

양념장
○ 고추장 2큰술
○ 물엿 1큰술
○ 다진 마늘 1큰술

1. 더덕은 먹기 좋게 손질합니다.
   TIP_ 수세미나 솔을 이용해서 구석구석 박힌 흙을 깨끗하게 제거합니다. 끓는 물에 소금 1큰술을 넣고 살짝 데친 후 바로 찬물에 담가 식히면 더덕 껍질 제거가 수월합니다.

2. 손질한 더덕을 15분 동안 찌고 물기를 살짝 말립니다.

3. 고추장과 물엿, 다진 마늘을 2:1:1로 넣고 양념장을 만들어 찐 더덕에 양념장을 바르면 간편하고 맛있는 더덕찜 완성입니다.
   TIP_ 기호에 따라 파와 깨를 넣습니다.

NO!
이렇게 먹지 마세요

더덕은 기본적으로 찬 성질을 가지고 있기 때문에 몸이 차가운 사람은 주의하세요. 더덕은 부작용이 거의 없는 식품 중 하나로, 부드러우며 독성이 없어 인삼 대용으로 사용되기도 합니다.

다만 더덕을 너무 많이 먹으면 혈당이 높아질 수 있으니 적절한 양을 섭취하세요. 더덕의 하루 적정 섭취량은 3뿌리(70g) 정도입니다.

두릅

| 효능 | 면역력 강화 / 항암 작용 / 혈관 건강 | 제철 시기 | 봄 |

두릅은 겨울을 이겨내고 피어난 새순으로 참두릅과 개두릅, 땅두릅으로 나닙니다. 4월~5월이 제철인 두릅은 독특한 향과 맛의 대표적인 봄나물 중 하나입니다. 두릅에는 사포닌과 식이섬유, 비타민 K, 단백질이 풍부하여 항암 효과와 뼈 건강 등 건강상 이점이 아주 많은 채소입니다.

두릅에 함유된 풍부한 베타카로틴과 각종 미네랄은 면역력 증진에 도움이 됩니다. 이 성분들은 혈액순환을 촉진해 피로를 회복하고 기력을 보충하는데 효과적입니다. 봄철 춘곤증 예방과 무기력증 완화에 좋은 효과를 볼 수 있습니다. 미세먼지나 황사로 인한 봄철 건강 관리에도 많은 도움이 됩니다.

YES! 이렇게 먹어요

두릅에 풍부한 비타민 K는 혈관 건강에 큰 도움을 줍니다. 두릅 100g에는 322ug의 비타민 K가 함유되어 있으며, 냉이나 달래보다 최대 3.5배나 많은 양입니다. 비타민 K는 MGP 단백질을 활성화하여 혈관에 염증을 일으키는 염증 유발 인자를 억제하고 혈관의 석회화를 방지합니다.

두릅은 보통 물에 데쳐서 초장에 찍어 먹습니다. 하지만 그냥 먹으면 그 효과를 보기는 어렵습니다. 두릅에 풍부한 비타민 K는 단단한 세포벽에 둘러싸여 있고, 지용성이라 데쳐서 먹으면 흡수율이 10%도 되지 않습니다. 그래서 두릅을 잘게 다져서 기름에 살짝 볶아 먹으면 흡수율이 최대 8배까지 높아집니다.

혈관 건강을 지켜 주는 두릅 양념장

재료(2인분 기준)
- 손질한 두릅 100g
- 다진 마늘 1큰술
- 식용유 적당량
- 깨 약간

양념장
- 고추장 3큰술
- 매실액 1큰술
- 참기름 1큰술

1. 깨끗하게 씻은 두릅은 소금물에 1분 이하로 데쳐 바로 찬물에 식히고 물기를 뺍니다.
   TIP_ 소금물에 데치면 떫은맛과 쓴맛이 제거되고, 두릅에 들어 있는 미량의 독소도 안전하게 제거할 수 있습니다.

2. 두릅의 줄기 부분은 0.5cm 이하로 잘게 다지고 잎 부분은 조금 크게 자릅니다.

3. 두릅이 준비되었다면 팬에 기름을 두르고 손질한 두릅과 마늘 1큰술을 넣고 살짝 볶습니다. 마늘이 타지 않게 약불에서 1~2분 동안 살살 볶습니다.

4. 두릅과 마늘이 익었다면 불을 끄고 준비한 양념장을 잘 섞어 마지막에 깨를 듬뿍 뿌리면 맛있는 두릅 양념장 완성입니다.

NO!
이렇게 먹지 마세요

퓨린은 체내 요산을 늘려 통풍을 유발하는 대표 물질 중 하나입니다. 두릅에는 퓨린이 풍부해 섭취에 주의가 필요합니다.

요산은 핵산의 일종인 퓨린이 분해되면서 체내에서 생성되는 최종 대사산물입니다. 단백질의 일종인 퓨린은 주로 동물성 식품에 많이 들어 있지만, 두릅과 아스파라거스 등 몇 가지 채소에도 풍부하게 함유되어 있습니다. 그래서 두릅을 고단백, 고퓨린 음식과 같이 먹는다면 체내 요산 수치를 급격하게 늘려 통풍을 유발하고 악화시킬 수 있습니다.

대표적인 음식으로는 맥주를 비롯해 소고기와 돼지고기 등 각종 붉은 육류가 있습니다. 고기를 먹을 때 채소를 같이 먹는 것이 좋다고 두릅을 함께 먹기도 하는데, 앞으로는 절대 같이 먹지 마세요.

또한 고등어와 꽁치 같은 생선류와 새우나 게 등의 갑각류와도 같이 먹지 않는 것이 좋습니다. 이런 음식들은 단백질과 퓨린의 함량이 높은 음식으로 두릅과 함께 먹으면 통풍 발생 위험을 크게 높일 수 있습니다.

두부

| 효능 | 심혈관 질환 예방 / 뇌 건강 / 뼈 건강 / 항암 효과 | 제철 시기 | 상시 |

구이나 조림, 각종 찌개 등에 활용되는 두부는 고소하고 담백한 맛과 부드러운 식감으로 국민 식재료로 꼽힙니다. 두부는 밭에서 나는 소고기라고 불리는 콩의 단백질을 추출하여 굳힌 식품으로, 콩의 영양분을 고스란히 살리면서 소화 흡수율이 95%나 되어 건강에도 유익합니다. 두부에 풍부한 이소플라본과 사포닌, 비타민 E는 항암 효과가 뛰어나며, 식물성 에스트로겐인 이소플라본은 암세포의 성장 필수 효소를 억제하여 암세포 사멸을 유도합니다.

또한 비타민 E는 토코페롤이라 불리는 강력한 항산화 물질로, 암세포 활성 효소를 억제하는 것은 물론 혈관 내 나쁜 콜레스테롤(LDL) 산화를 막는데 도움을 줍니다. 미국 오하이오주립대학교의 연구에 따르면 비타민 E는 종양 억제인자와 화학 반응하여 강력한 항암 효과를 발휘한다고 합니다.

**YES!
이렇게 먹어요**

항암 효과가 뛰어난 두부는 당근, 양파와 함께 먹으면 그 효능이 더욱 증가합니다. 당근에 풍부한 베타카로틴은 체내 독성 물질 제거로 발암물질을 무력화시키고, 세포 손상을 방지합니다. 베타카로틴은 지용성으로 당근을 생으로 섭취하면 흡수율이 8%에 그치지만 기름에 조리하면 흡수율이 70%까지 증가합니다.

두부의 비타민 E 또한 지용성으로 기름에 조리하면 흡수율이 높아져 항암 효과를 더욱 높일 수 있습니다. 양파의 항암 성분인 퀘르세틴도 열에 강하므로 같이 익혀서 먹는 것이 좋습니다. 게다가 두부에 부족한 비타민 A와 비타민 C를 당근과 양파가 보충해 영양의 균형도 맞출 수 있습니다.

항암 효과가 우수한 두부전

재료(2인분 기준)
- 두부 1/2모(150~200g)
- 당근 1/2개
- 양파 1/2개
- 달걀 2개
- 식용유 적당량

1. 두부는 물기를 제거하여 으깨고, 당근과 양파는 다지듯이 썹니다. 이때 쪽파나 숙주 등을 추가해도 좋습니다.

2. 준비한 채소와 두부는 볼에 넣고 달걀 2개도 넣은 후 조물조물 섞습니다.
   TIP_ 재료를 섞을 때 소금 2~3꼬집을 넣어서 간을 합니다. 두부의 물기로 인해 반죽이 잘 뭉쳐지지 않는다면 밀가루를 조금 추가해서 농도를 조절합니다.

3. 완성된 반죽은 숟가락으로 떠서 기름을 두른 팬에 굽습니다. 앞뒤로 노릇하게 구워지면 몸에 좋고 맛도 좋은 두부전이 완성됩니다. 잘 구운 두부전은 부드러워서 이가 약한 노인이나 채소를 싫어하는 아이가 먹기에 좋아요.

NO!
이렇게 먹지 마세요

두부와 시금치를 같이 먹는 것은 주의가 필요한데, 이 둘을 같이 먹으면 결석이 생길 위험이 커집니다. 시금치는 100g당 970mg의 풍부한 옥살산이 함유되어 있어 몸속에서 수산석화가 되면 결석을 유발할 수 있습니다.

특히 두부에 풍부한 칼슘과 시금치의 옥살산이 몸속에서 만나면 불용성 수산칼슘이 생성되는데, 수산칼슘이 생성되면 우리 몸의 칼슘 흡수가 줄어들어 결석증을 유발할 수 있습니다.

요로결석과 같은 질환은 심각한 통증을 일으키는 질환으로 무엇보다 예방이 중요하기에 시금치와 두부는 같이 먹지 않는 것이 가장 좋으며, 시금치를 먹을 때 데쳐서 먹는 것이 좋습니다.

옥살산은 물에 녹는 수용성이며 열에 약하기 때문에 시금치를 끓는 물에 데치면 옥살산이 약 50%까지 줄어듭니다.

두유

| 효능 | 성인병 예방 / 갱년기 증상 완화 / 피로 회복 | 제철 시기 | 상시 |

고소하고 담백한 두유는 건강을 위해 챙기는 대표적인 음식으로, 이소플라본과 불포화지방산, 단백질과 각종 영양소가 풍부합니다. 불포화지방산은 혈중 콜레스테롤 수치를 감소시켜 동맥경화나 고혈압 등 성인병 예방과 혈액의 흐름을 개선해 주고 혈관 건강을 유지하는데 뛰어난 효과가 있습니다. 이때 불포화지방산이 풍부한 견과류를 함께 먹으면 효과는 더 좋습니다. 두유에 함유된 레시틴은 뇌세포의 활성화에 도움을 주고, 인지능력과 기억력 등 뇌 기능 개선에 좋은 영향을 주며, 성장기 어린이의 두뇌 발달뿐만 아니라 노인의 치매 예방에도 좋습니다. 콩 음식을 많이 먹었다면 하루 1잔, 콩 음식을 먹지 않았다면 하루 2잔 정도의 두유면 충분합니다.

YES!
이렇게 먹어요

두유에 풍부한 이소플라본은 여성의 폐경기 전후에 일어나는 갱년기 증상 완화에 큰 도움을 줍니다. 두유는 가공 공정에서 이소플라본을 잃지 않는 유일한 콩가공 식품으로, 최근 오스트레일리아에서 보고된 연구에 따르면 이소플라본을 매일 섭취한 여성들이 갱년기 증상이 40%나 감소했다고 합니다. 또한 미국 스탠퍼드대학교의 연구 결과에서는 식물성 여성호르몬인 이소플라본의 섭취가 대표적인 갱년기 증상인 열감 현상의 횟수를 줄여 주고, 골다공증과 유방암 등의 발병위험도 줄일 수 있다고 발표하였습니다.

우리 몸에 좋은 두유를 더욱 건강하게 마시는 방법은 식후에 마시는 것입니다. 식사 대용이나 빈속에 두유를 마시는 사람이 많은데, 빈속에 두유를 마시면 두유의 단백질이 모두 열량으로 소비되어 건강상의 이점이 없으며, 두유의 좋은 영양분이 흡수되지 않고 빠져나갑니다. 간단하게라도 식사하고 두유를 마시는 것이 영양소 흡수를 위해 좋습니다.

그리고 두유를 고를 때 꼭 국내산 대두를 사용한 제품인지 확인하기 바랍니다. 미국 농무부의 자료에 따르면 콩 중에서도 이소플라본이 많은 콩은 대두뿐이었으며, 세계 각국의 대두를 분석한 결과 국내산 대두가 100g당 178mg으로 가장 높았다고 합니다.

또한 두유의 원료가 유전자조작 콩(GMO)인지 확인해야 합니다. GMO 두유는 아직 안정성 여부가 확실하지 않습니다. 그래서 안정성이 확보된 국내산 콩으로 만든 두유를 선택하세요.

콩 껍질과 콩비지는 버리고 콩물만 사용하는 일반 두유는 영양소가 그리 풍부하지 않습니다. 대신 콩 전체를 갈아 만든 전체식 두유에 비타민 E와 식이섬유가 2배 이상 풍부해 한 끼 식사 대용으로 충분합니다.

두유는 본래 콩으로 만든 음료이지만 맛을 내기 위해 새로운 성분을 첨가하기도 합니다. 특히 단맛을 내기 위해 당을 첨가하는 경우가 많아서 당 성분을 잘 살피는 것이 중요합니다. 당류 함량이 가장 높은 제품의 경우 200mL당 10.9g이 함유되어 있는데, 이 제품 하나만 마셔도 세계보건기구의 1일 설탕 권장 섭취량 25g의 절반에 조금 못 미치는 당류를 섭취하는 것입니다.

NO!
이렇게 먹지 마세요

두유의 하루 권장 섭취량은 200mL 컵 기준 1~2잔입니다. 두유를 과하게 섭취하면 설사와 복통을 유발할 수 있으니 주의하세요. 또한 두유는 퓨린 함량이 높은 식품이라 통풍 환자는 섭취를 주의해야 합니다. 퓨린이 대사되면서 생성된 요산이 관절에 축적되어 통풍 증상을 악화시킬 수 있습니다.

다이어트 목적으로 두유로 끼니를 때우기도 하는데, 이는 영양상 불균형을 초래해 건강에 해롭습니다. 다이어트를 위해 두유를 마신다면 토마토, 바나나와 같은 식품을 함께 섭취하세요.

두유와 치즈를 함께 먹으면 콩에 풍부하게 들어 있는 인산이 치즈의 칼슘과 만나 인산칼슘을 생성합니다. 인산칼슘은 체내로 흡수되지 않고, 그대로 몸 밖으로 빠져나갑니다. 그래서 치즈에 든 인산과 칼슘 모두 제대로 흡수할 수 없습니다. 두유는 치즈와 함께 섭취하지 마세요.

들기름

| 효능 | 변비 개선 / 항암 효과 / 피부 미용 / 치매 예방 | 제철 시기 | 상시 |

《동의보감》에 따르면 들깨는 원기를 다스리고 기침을 멈추게 하는 효능이 있다고 합니다. 들기름에 풍부한 알파 리놀렌산은 장의 염증을 억제하고 장의 연동 운동을 도와줍니다. 리놀렌산은 변비로 딱딱해진 변을 부드럽게 만들어 변비 예방과 개선에 효과적입니다. 그래서 아침 공복에 먹는 것이 좋습니다. 특히 불포화지방산은 윤장 작용으로 대장이 건조해서 발생하는 노인성 변비에 특효라 불립니다. 한의학에서는 폐와 대장을 짝으로 보는데, 들기름은 특히 폐와 장을 윤택하게 하여 기침과 변비에 모두 도움을 준다고 합니다. 들기름에 풍부한 폴리페놀의 일종인 로즈마린산은 항염증과 항암 작용이 뛰어납니다. 이 성분들은 체내에서 암을 유발하는 각종 유해 물질 억제에 효과적이며, 세포 손상을 막고 이상세포의 억제와 전이를 차단하여 암 발생 위험도를 낮출 수 있습니다.

YES!
이렇게 먹어요

잠자기 전에 매일 들기름을 한 숟가락씩 먹는다면 치매를 막는데 좋습니다. 들기름에 풍부한 리놀렌산은 오메가3 지방산으로 뇌세포 구성 물질인 DHA를 만드는 필수지방산입니다. 이 성분은 치매를 유발하는 베타아밀로이드 단백질을 분해하여 치매 예방과 개선에 도움을 줍니다.

농촌진흥청과 부산대학교의 연구에 따르면 인지능력이 손상된 실험군에 들기름과 올리브유, 옥수수유 등 식물성 기름을 2주간 섭취하게 한 결과, 들기름을 섭취한 실험군에서 손상된 뇌세포의 회복을 통한 인지능력 개선 효과가 가장 크다는 것을 확인하였습니다. 이는 대조군에 비해 공간과 물체 인지능력은 1.5배나 높았으며, 장기 기억력과 문제 해결 능력 또한 더 높았다고 합니다.

뇌 건강에 좋은 들기름은 성인 기준 1작은술 정도만 먹으면 되고, 잠자기 전에 먹는 것이 가장 효과적입니다. 영국 로체스터대학교 의학센터에 따르면 뇌 복원 작용은 잠을 자는 동안 가장 활발하게 이루어진다고 합니다. 뇌 복원 작용이란 뇌신경 세포 사이의 연결 관계를 정비하고, 뇌에 생긴 감염이나 손상을 복구하는 것을 말합니다. 잠자기 전에 먹은 한 숟가락의 들기름은 체내 흡수율이 더욱 높아 뇌에 더 집중적으로 영향을 미칠 수 있습니다.

다른 기름보다 들기름을 권하는 이유는 바로 들기름의 리놀렌산 함유량은 60% 이상인데, 콩기름은 10% 이하, 참기름은 1% 이하로 치매 예방을 위해 들기름을 먹는 것이 좋습니다.

NO!
이렇게 먹지 마세요

들기름은 공기나 수분에 노출되면 다른 기름에 비해 산패되는 속도가 매우 빠릅니다. 이는 다른 기름에 비해 불포화지방산이 풍부하기 때문입니다. 들기름은 불포화지방산이 90% 이상으로 기름 중 가장 높은 수준이기 때문에 개봉 후 1개월 안에 먹는 것이 가장 좋습니다.

개봉 후 1개월 이상 지나면 기름은 산패되기 시작하며 이때 각종 발

암물질이 생성될 수 있습니다. 산패된 기름을 섭취하면 메스꺼움과 설사는 물론 폐암의 원인이 될 수도 있습니다.

하지만 들기름을 참기름과 8:2 비율로 섞어서 보관하면 보관 기간을 2배 이상 늘릴 수 있습니다. 참기름에는 기름의 산패를 막아 주는 리그난이 풍부하기 때문입니다. 또한 빛이 들지 않게 포일이나 비닐봉지에 감싸 냉장 보관한다면 가장 안전하고 오랫동안 보관할 수 있습니다.

딸기

| 효능 | 항암 작용 / 치매 예방 / 신경통 예방 | 제철 시기 | 봄 |

새콤달콤하고 향긋한 딸기는 많은 사람이 즐겨 먹는 과일 중 하나입니다. 딸기에는 비타민을 비롯하여 안토시아닌과 펙틴, 라이코펜 등 건강에 도움을 주는 성분들이 가득합니다.

딸기에 함유된 피세틴은 치매 예방에 도움을 주며, 뇌의 신호 전달을 활발하게 만들고 뇌세포를 활성화하여 기억력 향상에 도움을 줍니다. 미국 하버드대학교 의학대학의 연구에 따르면 주 1회 이상 딸기를 섭취하면 인지장애가 늦춰진다고 합니다. 이는 딸기에 풍부한 플라보노이드가 뇌세포의 노화를 막아 주기 때문입니다.

YES! 이렇게 먹어요

딸기에 풍부한 비타민 C와 안토시아닌, 알리직산 등은 암세포 억제에 큰 도움을 줍니다. 딸기의 비타민 C는 레몬과 토마토보다도 많으며 사과의 13배에 달할 정도로 뛰어난 항산화 작용으로 항암 효과가 우수합니다. 또한 딸기에 풍부한 알리직산은 암세포의 자폭을 유발하며, 붉은색을 띠는 안토시아닌 또한 암 예방과 개선에 효과적입니다. 항암 효과가 뛰어난 딸기는 두유, 파프리카와 같이 먹으면 좋습니다.

대표적인 식물성 음료인 두유는 딸기와 궁합이 아주 좋습니다. 미국 국립암연구소에서도 암 환자에게 권하는 대표적인 음식으로 두유를 꼽는데, 두유는 가공 공정에서 이소플라본을 잃지 않는 유일한 콩가공 식품으로 암 예방 효과가 탁월합니다. 붉은색 파프리카 역시 딸기와 같이 먹으면 항암 효과가 높아집니다. 파프리카의 색깔은 다양하지만 특히 붉은색 파프리카는 라이코펜과 비타민 C가 풍부해 세포의 노화를 방지하고 암세포를 억제합니다. 딸기와 두유, 파프리카는 모두 공복에 먹어야 영양소의 흡수율이 더욱 증가하며 신진대사 조절에도 도움을 줍니다.

항암 효과가 우수한 파프리카 딸기주스

재료(2잔 기준)
- 딸기 10개
- 파프리카 1/4개(50g)
- 두유 200mL

1. 딸기 세척은 물 1L에 식초 1큰술을 넣고 1분 동안 담근 후 흐르는 물에 씻습니다.
   TIP_ 식초의 초산은 금속이온에 달라붙는 성질이 있어 과일이나 채소에 묻은 중금속이나 잔류 농약 제거에 효과적입니다.

2. 씻은 딸기와 파프리카는 갈기 쉽게 자릅니다.

3. 준비된 딸기와 파프리카를 믹서기에 넣고, 두유도 1잔 붓습니다.

4. 모든 재료를 넣었다면 잘 갈리도록 충분히 믹서기로 갈면 딸기주스 완성입니다.

TIP_ 딸기와 파프리카는 식이섬유가 풍부하므로 착즙보다는 갈아서 먹는 것이 좋습니다.

NO!
이렇게 먹지 마세요

신장 질환 있는 사람

딸기는 다른 과일에 비해 칼륨이 풍부하게 함유되어 있습니다. 풍부한 칼륨은 몸속 나트륨 배출이나 근육 활동에 도움을 주지만, 신장에는 무리를 줄 수 있습니다. 만성 신장 질환이 있는 사람은 딸기처럼 칼륨 함량이 높은 음식을 섭취하면 혈청 칼륨 농도가 급격히 올라갑니다. 이때 근육의 힘이 빠지거나 감각이 둔해지기도 하고 부정맥의 원인이 될 수도 있습니다. 실제로 만성 신부전 환자가 딸기를 먹고 혈청 칼륨 수치가 급상승하여 다음 날 사망했다는 사례도 있으니 주의하세요.

12개월 이전 아기

딸기 속 단백질은 아토피나 알레르기 체질인 사람에게 악영향을 줄 수 있습니다. 비염이나 천식, 피부 질환이 있다면 가려움증이나 재채기 등의 알레르기 반응이 나타날 수 있습니다. 특히 12개월 이전의 아기들은 소화 기능과 면역체계가 완성되지 않아 딸기 섭취에 주의가 필요합니다. 딸기에 소량 함유된 시안배당체라는 자연 독소가 어린 아기에게는 소화하지 못하고 알레르기 반응을 일으킬 수 있기 때문에 되도록 12개월 이전에는 딸기를 먹이지 않는 것이 좋습니다.

간이 약한 사람

딸기를 많이 먹거나 오래 먹으면 간 기능을 저하시킬 수 있습니다. 딸기는 비교적 GI 지수와 칼로리가 낮은 과일이지만 농축된 형태로 오래 먹으면 요산 증가의 원인이 됩니다. 간 기능이 저하되어 요산이 증가하면 간 질환이나 통풍 등을 유발할 수 있습니다. 또한 딸기의 특성상 상품성을 유지하기 위해 사용되는 수분 증산 억제제와 곰팡이 억제제는 간에 독소로 작용해 간 기능을 약화할 수 있습니다. 따라서 간이 약하거나 관련 질환이 있다면 주의해서 살 씻은 딸기를 소량만 먹는 것이 좋습니다.

레몬

효능	혈관 건강 / 항암 효과 / 피부 미용	제철 시기	겨울

강한 신맛이 특징인 레몬은 샐러드의 소스나 차 등 다양한 요리에 활용됩니다. 레몬은 비타민 C와 구연산이 풍부하여 피로 회복과 피부 미용에 좋으며 칼슘, 철, 마그네슘, 칼륨, 섬유질 등이 함유되어 있습니다. 레몬 100g에 들어 있는 열량은 20kcal이고 섬유질은 하루 권장 섭취량의 19%가 들어 있을 정도로 풍부합니다.

레몬에 함유된 칼륨은 혈관 속 노폐물과 나트륨을 밖으로 원활하게 배출해 주고, 혈압을 적절하게 조절하는 작용을 하므로 혈액 순환에 좋은 효과가 있습니다. 레몬에 들어 있는 비타민 P도 혈관의 수축과 이완을 강화하는 작용으로 혈관 건강에 효과적입니다.

YES! 이렇게 먹어요

레몬에 풍부한 페놀 화합물과 다양한 항산화 성분은 암 예방에 큰 도움을 주며, 니트로사민이라는 발암성 물질을 억제하는 강력한 항암 성분입니다. 국내외 여러 연구에 따르면 레몬의 이러한 성분들이 니트로사민을 50%까지 억제하였으며, 레몬을 1개만 먹어도 효과가 있다고 합니다.

하지만 레몬을 그냥 먹는다면 이런 효과를 기대하기는 어렵습니다. 레몬의 항산화 능력을 극대화하기 위해서는 온도가 중요하다고 합니다. 부산대학교 등의 연구에 따르면 95도의 뜨거운 물에서 레몬의 페놀 화합물과 항산화 성분이 가장 많이 추출된다고 하며, 항산화 수치 또한 가장 우수하다고 하였습니다. 그래서 레몬은 뜨거운 물에 넣고 우려서 차처럼 마셔야 항암 효과를 제대로 볼 수 있습니다.

암세포를 억제하는 레몬물

재료(2L 기준)
- 레몬 1개
- 물 2L

1. 끓는 물에 레몬을 20초 동안 데쳐서 껍질에 묻어 있는 왁스와 이물질을 제거합니다. 그런 다음 오돌토돌한 레몬 껍질 속 잔류 농약 제거를 위해 밀가루 푼 물에 5분 동안 담가 둡니다. 물 1L에 밀가루 3큰술 정도 풀어서 사용하면 좋습니다.
   TIP_ 뜨거운 물에 레몬을 20초 이상 담그면 유효 성분들이 빠져나올 수 있으니 20초 동안만 데칩니다.
   TIP_ 페놀 화합물과 항산화 성분들은 레몬 껍질에 더욱 풍부하니 올바른 세척 후 껍질째 활용하는 것이 좋습니다.

2. 5분이 지나고 흐르는 물에 레몬을 2~3차례 헹구어 레몬 세척이 끝나면 가로로 자릅니다. 너무 얇으면 껍질과 과육이 분리되어 마시기 불편할 수 있으니 5mm 이상의 두께로 자릅니다. 레몬을 썰고 레몬 씨

도 하나하나 제거합니다.
TIP_ 레몬 씨가 같이 들어가면 물에서 쓴맛이 나기 때문에 번거롭더라도 빼는 것이 좋습니다.

3. 물 2L가 끓기 시작하면 불을 끄고 미리 썰어 놓은 레몬 1개를 넣습니다. 잘 우러나온 레몬물은 서서히 온도를 식혀서 체온과 비슷할 때, 미지근하게 마시는 것이 좋습니다. 만들고 남은 레몬물은 냉장 보관하며 1주일 안에 마시고, 마시기 전 살짝 데워서 마시면 좋아요.

NO!
이렇게 먹지 마세요

레몬은 빈속에 섭취하거나 그대로 먹으면 속쓰림이 나타날 수 있습니다. 위장이 약한 사람은 그대로 섭취하기보다 물에 희석해서 마시는 것이 좋습니다. 또한 강한 산성이 포함되어 있어 이 시림이 나타날 수 있습니다.

레몬은 신맛이 강해 생과 그대로 먹기보다는 레몬물이나 레몬즙으로 마시고, 레몬즙을 마실 때는 가능한 위장의 활동이 가장 활발한 낮에 마시는 것이 좋습니다. 간격을 두고 천천히 마셔야 효과가 좋습니다.

마늘

| **효능** | 항암 작용 / 혈관 질환 개선 / 당뇨병 개선 | **제철 시기** | 여름 |

'마늘이 있는 식탁은 약국보다 낫다'는 말이 있을 정도로 마늘은 건강에 많은 도움을 줍니다. 마늘에는 각종 미네랄과 알리신, 셀레늄 등이 풍부하고 특히 마늘 특유의 냄새와 매운맛을 내는 알리신은 강력한 살균과 항균 작용으로 암 예방과 암세포 제거에도 효과적입니다.

마늘은 동맥경화, 고혈압, 고지혈증 등 혈관 질환 개선에도 도움이 됩니다. 혈중 콜레스테롤과 중성지질 농도를 감소시켜 혈액 순환을 원활하게 만듭니다. 마늘은 간에서 지방을 만드는 활동을 막아주어 콜레스테롤 합성을 저해합니다. 국제학술지에서도 마늘의 섭취가 혈중 총콜레스테롤 수치를 낮춘다고 하였습니다.

YES! 이렇게 먹어요

마늘은 예로부터 일해백리(一害百利)라 하여 냄새를 제외하고 100가지 이로움을 주는 식품으로 불렸습니다. 하지만 마늘의 냄새가 너무 강력하고 오래 남아 마늘 섭취를 꺼리는 사람도 많은데, 마늘을 쪄서 무침으로 먹으면 냄새와 아린 맛은 없애고 효능은 더욱 높일 수 있습니다.

마늘은 생으로 먹는 것보다 쪄서 익혀 먹을 때 항암 효과가 더욱 높아집니다. 국립농업과학원의 연구에 따르면 마늘을 익혀서 먹으면 생으로 먹을 때보다 항암 효과를 발휘하는 S-알리시스테인이 최대 3배까지 증가한다고 밝혔습니다. S-알리시스테인은 알리신, 알린과 같은 황화합물 중 하나로 발암물질 생성을 억제해 항암 효과가 뛰어나며, 혈중 지질 농도와 고혈압을 낮추는 효과도 있어 마늘의 필수 영양 성분 중 하나입니다.

하버드대학교의 공중보건대학원에서는 마늘의 이런 성분들이 특정 염증 단백질의 활동을 억제하여 각종 염증성 질환의 발병 위험을 크게 낮춘다고 하였습니다.

암과 염증을 억제하는 찐마늘무침

재료
○ 마늘 250g
○ 깨 1큰술

양념장
○ 고추장 1큰술
○ 고춧가루 1/2큰술
○ 매실액 2큰술
○ 참기름 1큰술
○ 대파 1줌

1. 찜기의 물이 팔팔 끓으면 마늘을 넣고 뚜껑을 닫아 4분 동안 찝니다.
   TIP_ 4분 동안 찌면 매운맛과 냄새는 사라지지만 아삭함은 유지할 수 있습니다. 마늘의 항암 성분은 수입산보다 국내산이 56배 더 들어 있다고 하니 되도록 국내산 마늘을 섭취하세요.

2. 마늘을 다 쪘다면 접시에 담고 한 김 식힌 후 무칠 준비를 합니다.

3. 식힌 찐마늘에 양념장을 붓고 골고루 무칩니다. 기호에 따라 올리고당이나 꿀을 추가합니다.

4. 마지막에 깨를 솔솔 뿌리면 맛있는 찐마늘무침 완성입니다. 찐마늘무침은 알싸한 매운맛은 사라지고 아삭하면서 달큰한 맛이 있어 누구나 부담 없이 먹을 수 있습니다.

**NO!
이렇게 먹지 마세요**

마늘을 수확하고 유통, 보관하는 과정에서 가끔 곰팡이가 핀 것을 볼 수 있습니다. 마늘에 핀 곰팡이에는 아플라톡신이라는 독소가 있는데 이 물질은 우리 몸에 치명적인 영향을 줄 수 있습니다. 국제암연구소에서는 아플라톡신을 인체에서 암을 일으키는 1급 발암물질로 지정하였습니다. 이 물질은 강력한 독성으로 마늘에 피면 부패가 진행되면서 마늘의 항균력을 상실케 합니다.

또한 주변 마늘 조직에 잘 퍼지는 특성이 있어 곰팡이가 생긴 부분만 잘라내고 먹어도 안 됩니다. 아플라톡신은 열에 강한 성질이라 가열해도 파괴되지 않으며 일반적인 방법으로는 제거되지 않습니다. 그래서 상처가 나거나 곰팡이가 핀 마늘이 있다면 과감하게 버리세요.

마늘을 가장 오랫동안 보관하는 방법은 다지거나 갈아서 보관하는 것입니다. 이때 양파를 한 조각 같이 넣어서 갈아 주면 마늘 색상이 변하는 시간을 늦춰 줄 수 있습니다. 마늘 양이 많다면 갈아서 얼리는 방법도 있습니다.

마늘종

| 효능 | 심혈관 질환 예방 / 독소 배출 / 다이어트 | 제철 시기 | 봄 |

 마늘종은 마늘의 꽃줄기를 말하며, 특유의 향과 아삭한 식감으로 많은 사람이 즐겨 먹는 식재료입니다. 《본초강목》에서 산삼으로 불렸던 마늘종은 막힌 혈관을 뚫어 혈행을 개선하며, 손발 저림에 효과가 좋다고 기록되어 있습니다. 알리신과 베타카로틴 등은 마늘보다 마늘종에 더 풍부해서 다이어트와 건강 증진에도 효과적입니다.

 마늘종에 풍부한 알리신은 혈전의 생성 방지와 혈행 개선 등에 탁월한 효능이 있습니다. 미국 뉴올리언스 임상연구센터에 따르면 알리신은 혈중 콜레스테롤 수치를 낮추고 혈관 내 노폐물 배출을 도와 혈관 질환 예방에 효과적이라고 합니다. 이런 효능들은 고혈압과 고지혈증, 심근경색 등 각종 심혈관 질환 예방에 큰 도움을 줍니다.

YES! 이렇게 먹어요

마늘종에 풍부한 알리신과 베타카로틴은 혈중 콜레스테롤 수치와 복부지방 감소에 효과적이며, 체지방의 분해를 돕고 몸속에 지방이 축적되는 것을 방지합니다. 농촌진흥청의 연구에 따르면 마늘종을 4주 동안 꾸준히 섭취한 실험군은 대조군에 비해 체중과 복부지방의 세포 크기가 많이 감소하였다고 합니다.

마늘종의 베타카로틴은 지용성 비타민으로 생으로 먹을 때보다 기름에 조리하면 흡수율이 8배나 증가합니다. 또한 마늘종은 60도 이상의 열로 가열하면 알싸한 맛은 사라지면서 아조엔이 생성됩니다. 아조엔은 체내 지방을 분해하여 비만을 예방하고 독소 배출에도 탁월한 효능이 있습니다.

다이어트에 효과적인 마늘종은 건새우와 같이 먹으면 그 효능을 더욱 높일 수 있습니다. 새우 껍질에 풍부한 키토산은 동물성 식이섬유로 체중 감량에 큰 도움을 주는데, 키토산은 지방과 결합하는 특징이 있어 지방의 체내 흡수를 방지하고 원활한 배출을 돕습니다. 또한 건새우에는 마늘종에 부족한 단백질과 칼슘이 풍부해서 영양학적으로도 매우 좋습니다.

뱃살은 빼고 건강은 지켜 주는 마늘종 건새우볶음

재료(2인분 기준)
- 마늘종 200g
- 건새우 20g
- 참기름 1큰술
- 소금 1/2큰술
- 깨 1큰술

양념장
- 간장 1큰술
- 맛술 1큰술
- 물 1큰술
- 꿀 1큰술

1. 잘 씻은 마늘종은 먹기 좋게 약 4cm 길이로 잘라 끓는 물에 소금을 1/2큰술 넣고 30초 동안 데쳐 찬물에 헹군 후 물기를 뺍니다.
   TIP_ 마늘종을 살짝 데치면 식감도 부드러워지고 양념도 잘 배서 더욱 맛있습니다.

2. 기름을 두르지 않은 팬에 건새우를 넣고 2분 동안 볶습니다.
   TIP_ 건새우를 마른 팬에 볶으면 비린내는 날아가고 식감은 더욱 바삭해집니다.

3. 새로운 팬에 기름을 두르고 준비한 마늘종을 넣고 1분 동안 볶은 후 1분이 지나면 양념장을 부어 약 2분 동안 더 볶습니다.

4. 2분 후 마늘종에 양념이 어느 정도 배면 볶아 놓은 새우를 넣어 잘 섞은 후 불을 끄고 참기름 1큰술과 깨를 솔솔 뿌려 맛있는 마늘종 건새우 볶음을 완성합니다.

**NO!
이렇게 먹지 마세요**

마늘종에는 특유의 알싸하고 아린 맛이 있어서 생으로 많이 섭취하면 속쓰림이나 복통 등 위장장애가 발생할 수 있습니다. 과다 섭취는 피하는 것이 좋으며 위장장애가 있다면 익혀 먹는 것이 좋습니다. 농촌진흥청에 따르면 하루 120g 이하로 섭취하는 것이 좋다고 합니다.

매생이

| 효능 | 빈혈 예방 / 혈관 건강 / 다이어트 | 제철 시기 | 겨울 |

매생이는 갈매패목의 녹조류에 속하는 식물로 우리나라에서는 주로 남해안 각 지역에서 채집되고 있는 겨울철 대표적인 식재료입니다. 매생이 특유의 맛으로 국이나 부침개, 칼국수 등의 요리 식재료로 두루 이용됩니다.

매생이에는 빈혈에 탁월한 작용을 하는 미네랄인 철분이 우유보다 40배나 풍부하게 함유되어 있습니다. 이렇게 풍부한 철분은 적혈구 생성을 돕고, 혈액을 통한 산소공급이 원활하여 빈혈을 개선하는데 뛰어난 효과를 발휘합니다.

매생이는 100g당 10~20kcal 정도의 저지방 저칼로리 음식으로, 식이섬유가 풍부하여 포만감을 오래 지속시켜 주고, 추가적인 칼로리 섭취를 막아 줍니다. 매생이의 식이섬유는 고구마의 2배 이상이며, 단백질과 칼슘 등 몸에 유익한 성분들도 풍부하여 건강한 다이어트가 가능합니다.

**YES!
이렇게 먹어요**

떡국에 사골 육수와 함께 소고기와 만두까지 들어가는 경우가 많습니다. 하지만 이런 조합은 칼로리와 지방, 나트륨의 섭취를 늘려 비만은 물론 콜레스테롤을 증가시킵니다. 요즘처럼 영양과잉이 문제가 되는 시기에 떡국도 건강하게 먹을 필요가 있습니다. 소고기와 만두가 아닌 매생이를 넣어 보세요.

매생이에 풍부한 식이섬유와 단백질, 칼슘, 철분 등의 무기질은 탄수화물 함량이 높은 떡국과 궁합이 아주 좋습니다. 국립농업과학원의 자료에 따르면 매생이는 100g당 6.5g의 식이섬유가 함유되어 있으며, 수용성 식이섬유와 불용성 식이섬유가 1:3 비율로 아주 이상적입니다.

또한 매생이의 미끌거리는 성분인 알긴산은 혈관 내 해로운 콜레스테롤(LDL) 흡수를 억제하고, 혈액의 흐름을 원활하게 도와 혈관 건강을 지켜 줍니다. 명절이 되면 전이나 튀김 등 평소보다 기름진 음식을 많이 먹는데, 매생이의 알긴산이 혈관 내 중성지방이 쌓이는 것을 막아 혈관 질환 예방에 큰 도움을 줍니다.

혈관을 깨끗하게 지켜 주는 매생이 떡국

재료(3인분 기준)
○ 매생이 300g
○ 떡국떡 300g
○ 물 1L
○ 다시마 1조각
○ 다진 마늘 1/2큰술
○ 참기름 1큰술
○ 국간장 1큰술
○ 소금 약간

1. 떡국떡은 물에 한 번 헹군 후 30분 동안 불립니다.
   TIP_ 떡은 찬물에 불려야 식감이 더욱 쫄깃하게 살아납니다.

2. 육수는 물 1L에 다시마 1조각을 넣고 끓입니다. 물이 끓기 시작하면 5분 동안 더 끓이고 다시마를 건져냅니다. 매생이의 향을 제대로 느끼기 위해 육수는 다시마로만 우리는 것이 좋습니다.
   TIP_ 기호에 따라 멸치를 활용해도 좋습니다.

3. 매생이는 찬물에 깨끗하게 씻은 후 꾹꾹 눌러서 물기를 제거하고, 냄비에 참기름 1큰술을 두르고 살짝 볶습니다.
   TIP_ 참기름은 발연점이 낮아 높은 온도에서 가열하면 좋지 않으니 약불에서 1분 미만으로 볶는 것이 좋습니다.

4. 매생이를 볶았다면 그 위에 다시마 육수를 살살 붓고, 물이 끓기 시작하면 떡국떡을 넣어 떡이 말랑하게 익을 때까지 끓입니다.

5. 떡이 익었으면 다진 마늘 1/2큰술, 국간장 1큰술을 넣고 소금으로 간을 맞추면 향긋한 매생이 떡국 완성입니다.

NO!
이렇게 먹지 마세요

매생이에 다량 들어 있는 식이섬유는 변비와 장 건강에 좋지만 너무 과다하게 섭취하면 소화기관에 무리가 올 수 있습니다. 매생이는 기본적으로 차가운 성질로 몸이 차가운 사람이 많이 섭취하면 설사 등이 발생할 수 있습니다. 건강한 성인 기준 하루 200g 이내로 섭취하세요.

매생이는 광택이 있으며 색이 선명한 것이 좋습니다. 무엇보다 매생이 특유의 냄새가 많이 나는 것이 신선한 것입니다.

매생이는 머리카락보다 가늘어서 손질하기가 쉽지 않으며, 잘못하면 물에 흘려버리는 것이 더 많을 때도 있습니다. 매생이를 씻을 때는 큰 볼에 물을 담고 매생이와 소금 1큰술을 넣어 젓가락을 이용해 잘 풀어 줍니다. 젓가락으로 불순물이나 티끌을 집어내어 여러 번 반복해서 씻고 마지막으로 채반에서 흐르는 물에 매생이를 씻어 줍니다.

매생이는 냉장 보관보다 냉동 보관하는 것이 좋으며, 한 번 사용할 만큼 소분하여 냉동 보관하면 1년 내내 먹을 수 있습니다.

메밀

| 효능 | 당뇨병 개선 / 간 건강 / 눈 건강 / 혈전 예방 | 제철 시기 | 가을 |

메밀은 글루텐 함량이 거의 없고 비만과 당뇨병 등 각종 생활습관병에 유익하다고 알려진 현대인의 건강식품으로, 쌀보다 칼로리가 낮고 식이섬유와 단백질 함량이 높아 식욕 억제와 혈당 조절, 체중 감량에 효과적입니다. 메밀에는 대표적으로 루틴, 단백질, 식이섬유가 포함되어 있고 그 외 8종의 필수아미노산인 칼륨, 마그네슘, 섬유질, 엽산 등이 풍부합니다.

특히 메밀에 풍부한 루틴은 혈전 예방은 물론 혈전을 녹이는 역할도 합니다. 미국 하버드대학교 의과대학의 연구에 따르면 5,000개 이상의 화합물을 비교 평가한 결과, 루틴이 혈전 생성 차단 효과가 가장 뛰어났다고 밝혔습니다. 메밀은 루틴이 많이 들어 있는 식품 중 하나로 몸속에서 혈전을 생성하는 단백질 효소의 작용을 억제합니다.

YES! 이렇게 먹어요

메밀은 단 메밀과 쓴 메밀로 나눌 수 있습니다. 우리나라에서는 주로 단 메밀이 재배되고, 쓴 메밀은 중국, 네팔, 히말라야 고산지대에서 재배되고 있습니다. 단 메밀은 주로 국수, 부침, 부꾸미에 사용되고, 쓴 메밀은 메밀죽, 빵 등에 사용됩니다.

단 메밀과 쓴 메밀 중에 쓴 메밀이 건강상으로 더 좋습니다. 쓴 메밀의 루틴 함량은 100g당 2,732mg으로 일반 단 메밀에 비해 100배 이상 높습니다. 루틴이 풍부한 쓴 메밀은 껍질을 제거하지 않은 채 볶아서 사용하는 것이 좋습니다.

혈전이 사라지는 메밀차

재료(1L 기준)
- 쓴 메밀 1큰술
- 물 1L

1. 쓴 메밀을 흐르는 물에 깨끗하게 헹궈 이물질을 제거합니다.

2. 씻은 메밀을 팬에 넣고 중불에서 볶습니다. 메밀이 타지 않게 저어주면서 천천히 볶다가 메밀이 팝콘처럼 터지면 불을 끕니다.
   TIP_ 팝콘처럼 터진 메밀이 2~3개만 생겨도 충분히 볶아진 것입니다.

3. 볶은 메밀은 물 1L 기준으로 1큰술 정도 넣고 끓여서 차로 마시면 좋습니다. 중불에서 끓이다가 물이 끓기 시작하면 약불로 줄이고 20분 정도 더 끓여 완성합니다. 하루에 2잔씩 물처럼 마시면 혈전 예방과 완화에 도움이 됩니다.
   TIP_ 이름은 쓴 메밀이지만 맛은 쓰지 않고 구수합니다.

**NO!
이렇게 먹지 마세요**

메밀은 찬 성질을 가지고 있어 과다 섭취 시 복통이나 설사를 유발할 수 있습니다. 찬 음식을 먹으면 소화가 잘 안되고 설사나 묽은 변을 보거나 저혈압, 평소에 위장이 약하다면 메밀을 피하는 것이 좋습니다. 또한 메밀에 많이 함유된 루틴은 혈액 응고 방지 기능이 있어 관련 약물을 먹고 있다면 상호 작용을 일으킬 수 있으니 주의가 필요합니다.

멸치

| 효능 | 치매 예방 / 관절염 개선 / 혈관 건강 | 제철 시기 | 상시 |

멸치는 칼슘의 제왕이라 불리며 뼈 건강에 좋은 것으로 잘 알려져 있습니다. 농촌경제연구원에 따르면 한국인이 가장 많이 먹는 수산물 3위가 멸치라고 합니다. 멸치는 풍부한 칼슘 이외에도 오메가3와 마그네슘, 칼륨 등 영양소가 다양합니다.

멸치는 뼈 건강은 물론 관절염 개선에도 많은 도움을 주는데, 멸치에 풍부하게 함유된 핵산은 근육의 수축과 이완 작용을 도와줍니다. 이러한 작용으로 관절의 무리를 줄여 관절염을 개선하는데도 효과적입니다. 핵산은 신진대사와 신체 에너지 생성 촉진에도 영향을 주어 관절염뿐만 아니라 활력 증강에도 많은 도움을 줍니다.

YES! 이렇게 먹어요

멸치는 100g당 2.96g의 풍부한 오메가3가 함유되어 있습니다. DHA와 EPA를 총칭하는 오메가3는 두뇌 건강과 혈관 건강에 큰 도움을 주는데, EPA는 혈중 콜레스테롤 수치를 떨어뜨려 혈전이 쌓이는 것을 막아 주며 혈압을 낮춥니다. 그리고 DHA는 두뇌와 신경 구성에 필요한 필수 영양 성분으로 기억과 학습 능력 향상에 도움을 주고, 뇌세포의 파괴를 막아 치매를 비롯한 각종 뇌 질환 예방에 효과적입니다.

또한 멸치는 100g당 358mg의 마그네슘이 함유되어 있어 하루 권장 섭취량을 모두 충족시킬 수 있습니다. 마그네슘의 부족은 치매를 일으키는 직접적인 원인 중 하나로 꾸준한 섭취가 중요합니다. 네덜란드 에라무스대학교의 연구에 따르면 12년간 9,569명을 대상으로 조사한 결과, 마그네슘 수치가 낮은 사람은 정상군에 비해 치매 발병 위험이 32%나 높았다고 합니다.

치매 예방에 좋은 멸치를 더 효과적으로 먹으려면 검은깨와 함께 멸치볶음으로 먹으면 됩니다. 검은깨에 풍부한 레시틴은 뇌세포 간의 신경전달물질인 아세틸콜린의 주원료로 뇌 기능을 활성화합니다. 멸치와 검은깨는 각각의 영양소로 치매 예방 효과를 높이는 것은 물론 마른 멸치의 비타민 D 흡수율을 레시틴이 높여 줍니다.

치매 예방에 좋은 검은깨 멸치볶음

재료
- 멸치 150g
- 맛술 3큰술
- 식용유 3큰술
- 간장 1큰술
- 조청 4큰술
- 검은깨 3큰술

1. 멸치는 체에 넣고 탈탈 털고 물에 30초 동안 살살 헹궈 멸치 표면에 묻어 있는 소금기를 제거하여 염분을 낮출 수 있습니다.
TIP_ 멸치를 털면 멸치 부스러기나 이물질이 걸러지며 맛도 깔끔해집니다.

2. 물기를 어느 정도 제거한 멸치는 맛술 3큰술을 넣어 팬에 볶아 비린 맛을 잡고, 중불에서 멸치가 타지 않도록 수분을 날리면서 살짝 볶습니다. 볶은 멸치는 접시에 덜어 놓고 잠시 식힙니다.

3. 팬에 식용유 3큰술과 간장 1큰술을 넣고 강불에서 간장이 끓어오르면 불을 끈 후, 조청 4큰술을 잘 섞고 볶은 멸치와 검은깨를 넉넉하게 넣습니다.

TIP_ 깨를 그냥 먹으면 소화가 되지 않고 그대로 몸 밖으로 배출되기에 빻아서 넣습니다. 절구가 없다면 깨를 지퍼백이나 비닐에 넣고 숟가락으로 꾹꾹 눌러도 됩니다.

4. 이 상태에서 불을 켜지 않고 골고루 버무리면 검은깨 멸치볶음 완성입니다.

NO!
이렇게 먹지 마세요

멸치의 칼슘은 몸을 건강하게 하지만 결석 환자는 많이 먹지 않는 것이 좋습니다. 또한 멸치에는 퓨린이 많이 들어 있기 때문에 통풍 환자는 섭취를 제한하는 것이 좋습니다. 따뜻한 성질을 지니고 있어서 몸에 열이 많다면 여러 부작용이 발생할 수 있으니 적당량만 먹는 것이 좋습니다. 작은 멸치는 하루 70g 정도 먹으면 충분합니다. (큰 멸치의 경우 30g 정도)

명이나물

| 효능 | 항암 효과 / 노화 방지 / 염증 완화 / 장 건강 | 제철 시기 | 봄 |

명이나물은 향긋한 향과 달짝지근한 맛의 산나물로, 마늘 향이 난다고 하여 '산마늘'로도 불립니다. 주로 절임이나 장아찌로 많이 먹는 명이나물은 《동의보감》에도 소산이라 하여 비장과 신장을 돕고 소화를 촉진한다고 기록되어 있습니다. 명이나물에는 매운맛을 내는 알리신이 일반 마늘보다 풍부한데, 알리신은 대표적인 항암 물질로 암의 원인이 되는 유해 성분을 없애 주는 것으로 유명합니다. 세계암연구재단에서도 알리신을 암 예방에 뛰어난 성분으로 발표하였습니다. 명이나물에 풍부한 각종 비타민과 폴리페놀, 플라보노이드 등은 노화 방지에 도움을 주고, 강력한 항산화 성분들은 활성산소를 제거해 신체 노화를 방지합니다.

YES!
이렇게 먹어요

매운맛과 향을 내는 명이나물의 알리신은 살균과 항바이러스 효과가 뛰어나 감기 예방과 기관지 건강, 염증 배출에 탁월한 효과가 있습니다. 또한 명이나물에는 베타카로틴과 비타민 E, 비타민 K도 풍부하여 만성 염증 완화에도 큰 도움을 줍니다. 상지대학교 보건과학대학의 연구에 따르면 명이나물 추출물이 염증 유발 물질을 감소시켰으며, 암세포의 성장을 억제하였다고 합니다. 명이나물은 콜라비와 함께 무침으로 먹으면 더욱 건강에 도움을 줍니다.

콜라비에는 안토시아닌과 글루코시놀레이트가 아주 풍부한데, 활성산소를 억제하고 염증 유발 물질인 사이토카인의 분비를 조절해 주는 역할을 합니다. 이런 작용들은 체내에서 명이나물의 알리신과 함께 뛰어난 염증 완화 효과를 증가시킬 수 있습니다.

명이나물 속 풍부한 비타민은 열에 약하기 때문에 1분 정도만 데치세요. 콜라비는 깨끗하게 씻어서 껍질째 얇게 채 썰고 데친 명이나물과 함께 각종 양념에 무쳐 주면 건강한 명이나물 무침이 완성됩니다.

NO!
이렇게 먹지 마세요

명이나물은 섬유질 함량이 많아 소화에 영향을 미칠 수 있으니 주의하세요. 명이나물의 알리신 성분은 위의 점막을 자극하는 작용으로 소화 작용을 돕지만 너무 많이 먹으면 오히려 위 점막을 손상시킵니다. 명이나물은 따뜻한 성질을 지니고 있기에 몸에 열이 많은 사람은 주의하고, 마늘에 알레르기를 가지고 있다면 피해야 합니다.

명이나물은 수확 후 하루 정도만 지나도 금방 시들해지므로 대부분 가공 처리를 통한 장아찌로 유통됩니다. 생채를 고를 때는 잎의 수분감이 있고 짙은 녹색을 고릅니다. 누렇게 변한 이파리는 물러지고 맛을 떨어뜨리니 제거합니다. 명이나물의 인기가 높아지면서 중국산 명이나물 장아찌가 많은데, 중국산 명이나물은 잎에 힘이 없고 길쭉한 모양새에 상처가 많고, 국산 명이나물은 넓고 둥글며 두꺼운 잎을 가지고 있고 색깔이 파릇파릇합니다. 반드시 원산지를 확인하세요.

무

| 효능 | 면역력 강화 / 소화 촉진 / 기관지 건강 | 제철 시기 | 가을 |

무는 십자화과에 속하는 초본식물로 배추, 고추와 함께 우리나라 사람들이 가장 즐겨 먹는 채소입니다. 무의 아삭한 식감과 시원한 맛으로 국이나 조림, 김치 등 각종 요리에 활용됩니다. 무에는 각종 비타민과 소화 효소, 생리 활성 물질 등 다양한 영양소가 함유되어 건강에 많은 도움을 줍니다.

무에 다량 함유된 비타민 C와 각종 무기질은 면역력 강화에 좋습니다. 신진대사를 촉진하고 몸의 전체적인 혈액 순환에 도움을 줍니다. 코피를 잘 흘리거나 갱년기 증상이 있는 여성에게도 좋으며, 면역력이 약해지기 쉬운 환절기나 겨울철에 무를 꾸준히 먹는다면 면역력을 키우는데 좋습니다.

YES! 이렇게 먹어요

무에 풍부한 디아스타아제와 아밀라아제 등은 소화에 탁월한 효능이 있으며, 위의 부담을 덜어 주고 위 점막을 보호하여 속을 편안하게 해 줍니다. 이런 작용들은 위의 염증과 위궤양 예방에 도움을 주어 증상을 개선하는 효과도 있습니다.

또한 무에 풍부한 페루오키스타제는 자는 동안 몸에 쌓인 노폐물을 배출하여 신진대사 활성화에 도움을 줍니다. 한국식품연구원의 자료에 따르면 무에 함유된 유효 성분들은 대장 염증을 완화하며, 풍부한 섬유소와 수분은 장내 노폐물 제거에 도움을 준다고 합니다.

아침에 무 반찬을 꾸준히 먹으면 몸을 더 가볍고 깨끗하게 만들 수 있으며, 무와 양배추를 같이 먹으면 속은 편안하고 노폐물은 깨끗하게 제거됩니다. 무는 양배추와 함께 먹으면 그 효능을 더욱 높일 수 있습니다. 양배추에 풍부한 비타민 U는 위 점막을 강화하고, 손상된 세포조직을 재생하여 위장 질환 완화에 효과적입니다. 그리고 양배추의 베타카로틴과 식이섬유는 장 속 유해 성분을 흡착하고 배출하여 몸속 독소 제거를 도와줍니다.

속을 편안하고 깨끗하게 만들어 주는 양배추 무볶음

재료(2인분 기준)
- 무 100g
- 양배추 200g
- 다진 마늘 1/2큰술
- 식용유 2큰술
- 참기름 1큰술

1. 양배추와 무는 깨끗하게 세척하고 너무 두꺼우면 골고루 익지 않으니 얇게 채를 썹니다.
   TIP_ 무 껍질에 글루코시놀레이트가 풍부하니 껍질째 활용하세요. 글루코시놀레이트는 암세포 증식을 억제하고 제거하는데 도움을 줍니다.

2. 재료가 준비되었다면 프라이팬에 기름을 두르고 다진 마늘 1/2큰술을 넣어 마늘이 타지 않게 살짝만 볶아 마늘 향을 냅니다.

○ 소금 약간
○ 후춧가루 약간

3. 무를 넣고 무가 익을 때까지 볶는데, 무는 두께에 따라 익는 시간이 다르니 무가 부드러워질 때까지 천천히 익힙니다.

4. 무가 다 익으면 채 썬 양배추를 넣고 소금과 후춧가루로 간을 합니다.
TIP_ 기호에 따라 소금 대신 액젓을 넣어도 좋습니다.

5. 양배추가 살짝 투명해지면 다 익은 것이니 불을 끄고 참기름 1큰술을 둘러 완성합니다.

NO!
이렇게 먹지 마세요

무는 차가운 성질의 음식이기 때문에 평소 수족냉증이나 몸이 찬 사람은 과다 섭취하지 않는 것이 좋습니다. 또한 공복에는 섭취하지 말고 위염, 위궤양 등으로 고생하고 있다면 속쓰림을 유발할 수도 있으니 익혀서 먹는 것을 추천합니다.

무는 신선도가 떨어지면 수분이 말라서 상한 것처럼 보일 수 있습니다. 그러나 악취나 곰팡이만 없다면 먹어도 무방합니다. 그러나 물렁거리는 느낌이 나거나 냄새가 난다면 먹지 마세요.

좋은 무는 표면에 흠집이 없고 매끈하며 잔뿌리가 적습니다. 무는 단단하고 무거운 것이 좋으며, 푸른 윗부분과 흰색 아랫부분의 구분이 뚜렷한 것이 좋습니다.

바람 든 무를 사 본 경험이 있을 것입니다. 무 속이 스펀지처럼 구멍이 있고 식감은 푸석푸석해서 맛이 없지만, 먹어도 문제는 없습니다. 무에 바람이 드는 현상은 너무 일찍 씨를 뿌렸거나 너무 늦게 수확하거나 또는 햇빛을 충분히 보지 못했을 때, 모래땅에 재배하면 발생할 수 있습니다.

무화과

| 효능 | 항암 효과 / 변비 개선 / 혈관 관리 / 소화불량 개선 | 제철 시기 | 겨울 |

무화과는 부드럽고 달콤한 맛과 톡톡 씹히는 씨의 식감이 특이한 과일로, 폴리페놀을 비롯한 각종 항산화 물질과 비타민, 미네랄 등 영양소도 풍부합니다. 고대 이집트와 로마, 이스라엘에서는 무화과를 강장제나 치료 목적의 약재로 사용했을 정도로 건강에 좋습니다. 무화과의 과육에 풍부한 각종 비타민과 껍질에 풍부한 각종 항산화 성분은 대장암 등을 예방합니다. 미국 국립암연구소의 발표에 따르면 무화과의 벤즈알데하이드는 암세포를 억제하고 정상 세포를 보호한다고 합니다. 항암 효과를 보기 위해서는 껍질까지 섭취하는 것이 좋으며, 건무화과도 좋습니다. 무화과에 풍부한 수용성 식이섬유인 팩틴은 장 건강과 변비 개선에 큰 도움을 주는데, 사과와 오렌지보다 2배 이상 많으며, 위 점막을 보호하고 배변 활동을 원활하게 합니다.

**YES!
이렇게 먹어요**

무화과에 풍부하게 함유된 폴리페놀과 칼륨 등은 혈관 속 노폐물 제거에 도움을 주며, 콜레스테롤 수치를 낮추고 혈액 순환과 혈관 건강에 탁월한 효과가 있습니다. 미국 하버드의대의 연구에 따르면 폴리페놀은 체내 활성산소 제거에 효과가 있다고 하며, 혈관의 산화를 방지하고 노폐물을 제거하여 혈관 건강을 지켜 준다고 합니다.

무화과만 먹어도 혈관 노폐물 제거는 물론 혈관 건강에 큰 도움을 주지만 같이 먹으면 더욱 효과를 상승시키는 음식이 바로 토마토입니다. 토마토는 라이코펜과 칼륨이 풍부해 혈관에 좋은 채소로 유명합니다. 토마토의 라이코펜은 특히 혈소판의 응집을 억제하여 혈전 생성을 방지하며, 칼륨과 기타 무기질은 혈관을 확장하고 나트륨 배출과 혈관 노폐물의 생성을 억제합니다. 무화과를 먹을 때 토마토와 같이 먹거나 주스로 갈아서 마시면, 혈관 속 노폐물 예방과 개선은 물론 전반적인 혈관 건강에 도움이 될 것입니다.

무화과는 익을수록 열매 전체가 균일하게 붉어지며 향이 짙어집니다. 무화과의 갈라진 부분이 건조되지 않고 무화과 열매의 적갈색이 전체적으로 균일한 것이 좋은 무화과입니다. 또한 무화과는 쉽게 물러지기 때문에 표면에 상처가 없고 둥글고 물방울 모양을 갖는 무화과가 좋습니다. 잘 익은 무화과는 꽁지가 터져서 별 모양이 되는데, 별 모양으로 예쁘게 갈라진 무화과를 선택하는 것이 달콤한 무화과입니다.

충분히 익은 무화과는 물에 매우 약해서, 물에 담가서 씻지 말고 마른 거즈로 깨끗이 닦아서 먹습니다. 별 모양으로 터진 부분에 물이 들어가면 무화과의 맛이 절반 이하로 떨어지기도 하니 주의하세요. 물로 씻어야 한다면 별 모양으로 터진 부분을 아래로 가게 하여 물기가 무화과 내부로 들어가지 않도록 조심해서 씻습니다. 씻은 후에는 물기를 완전히 제거합니다.

NO!
이렇게 먹지 마세요

잘 익은 무화과는 냉장 보관하는 것이 좋습니다. 덜 익은 무화과를 샀다면, 서늘하고 통풍이 잘되는 곳에서 하루 정도 숙성시킨 후 냉장 보관합니다. 냉장 보관하면 밀폐용기에 키친타월을 깔고 물기를 완전히 제거한 무화과를 포개지 말고 뚜껑을 덮어 넣습니다.

무화과는 당분이 많아서 다이어트를 하거나 당뇨병이 있는 사람은 주의하세요. 또한 무화과 알레르기가 있는 사람은 무화과를 먹으면 혀나 입이 따가울 수 있습니다. 무화과를 생으로 먹으면 혈당 수치를 낮추는 효과가 있어서, 당뇨약을 복용 중이라면 무화과 섭취 전에 의사와 상의하길 바랍니다. 무화과의 하루 적정 섭취량은 2~3개 정도입니다.

미나리

| 효능 | 염증 완화 / 간 기능 개선 / 항암 효과 | 제철 시기 | 봄 |

향긋한 향과 아삭한 식감의 미나리는 봄철 대표 채소 중 하나입니다. 미나리는 우리나라 자생식물로 특유의 은은한 향과 상쾌한 맛으로 많은 사람이 즐겨 먹습니다. 대표적인 알칼리성 식품인 미나리는 각종 비타민과 무기질이 풍부해 몸을 이롭게 합니다.

향긋한 미나리는 몸속 염증을 예방하고 개선하는데 탁월한 효능이 있습니다. 충청남도농업기술원에 따르면 미나리의 이소람네틴, 페르시카린 등은 염증 해소에 효과적이라고 합니다. 이 성분들과 각종 비타민, 무기질, 엽록소가 체내 노폐물과 독소 등을 배출시켜 염증 완화에 큰 도움을 줍니다. 미세먼지나 황사가 심할 때 몸속 중금속 배출에도 좋습니다.

YES!
이렇게 먹어요

미나리는 우리가 먹는 채소 중 해독 능력이 가장 우수한 편에 속합니다. 예로부터 복어탕에 미나리가 꼭 들어가는 이유이기도 합니다. 《동의보감》에도 미나리는 갈증을 풀고, 머리를 맑게 하며, 열독을 치료하고, 대장과 소장에 이롭다고 기록되어 있을 정도로 해독과 정화에 뛰어난 효능이 있습니다.

미세먼지나 황사가 심한 봄에 미나리를 먹는 것은 몸을 깨끗하게 지키는데 큰 도움을 줍니다. 그리고 미나리에 풍부한 이소람네틴과 페르시카린은 강력한 항산화 성분으로 간에 쌓인 노폐물과 간 속 염증을 제거하여 간을 깨끗하게 지켜 줍니다. 간의 부담을 덜어 주고 간 기능 개선을 도와 간 건강 회복에도 효과적입니다.

미나리도 그냥 먹기보다는 미역과 함께 무쳐서 먹으면 좋습니다. 미역 역시 미나리와 함께 간 손상을 억제하고 간을 보호하는 식재료로, 미역에 풍부한 후코이단은 간 손상을 유발하는 성상세포의 발현을 억제하고 간세포 증식을 유도하여 간 건강을 지켜 줍니다. 미나리와 미역의 이런 성분들은 가열하면 영양소의 손실이 발생할 수 있으니 가열하지 않고 무쳐서 먹는 것이 가장 좋습니다.

간을 깨끗하게 지켜 주는 미역 미나리무침

재료(2인분 기준)
○ 미나리 100g
○ 불린 미역 200g

양념장
○ 고추장 2큰술
○ 식초 1큰술
○ 매실액 1큰술
○ 다진 마늘 1/2큰술

1. 미나리는 충분히 잠길 정도의 물에 식초 3~4큰술을 풀고 10분 동안 담가 미나리에 붙은 각종 벌레나 거머리를 깨끗하게 제거합니다.
   TIP_ 더 안전하게 세척하고 싶다면 식초 물에 소독한 10원짜리 동전 2개를 넣어 주세요. 10원짜리 동전이나 놋수저에 있는 구리 성분은 항균 효과가 뛰어나 거머리 퇴치를 위해 예로부터 많이 활용되고 있습니다.

2. 미나리는 건져 흐르는 물에 헹군 후 먹기 좋은 크기(4~5cm)로 자릅니다.

3. 준비한 미나리와 미역에 미리 만들어 놓은 양념장을 붓고 잘 버무리면 향긋한 미나리 미역무침 완성입니다.
   TIP_ 기호에 따라 마늘을 조금 더 추가해도 좋습니다. 마늘에 풍부한 알리신과 셀레늄도 간 정화에 큰 도움을 줍니다.

NO!
이렇게 먹지 마세요

미나리는 성질이 차기 때문에 몸이 찬 사람이 과다 섭취를 하면 설사나 복통 등의 증상이 나타날 수 있습니다. 미나리를 익혀 먹으면 본래의 찬 성질이 중화되기 때문에 몸이 찬 사람은 생으로 먹기보단 데쳐서 먹는 것이 좋습니다.

미나리에는 간질충이라는 미나리 기생충이 있을 수 있으니 미나리를 생으로 먹기 전에 깨끗하게 씻어야 합니다. 미나리의 하루 적정 섭취량은 70g입니다.

미역

| 효능 | 항암 효과 / 뼈 건강 / 혈관 건강 | 제철 시기 | 겨울 |

갈조류 미역과에 속하는 해초인 미역은 저렴한 가격과 부드러운 맛으로 많은 사람이 먹는 식재료입니다. 바다의 소고기라 불리는 미역은 각종 비타민과 칼슘, 철분, 카로틴 등 다양한 영양소가 풍부합니다. 미역 하면 생일과 산후조리 음식이 떠오르지만, 미역에 풍부한 각종 영양소는 가끔 먹기에는 아까울 정도입니다. 미역의 칼슘, 철분, 요오드 등 다양한 성분들은 건강에 많은 도움을 줍니다.

YES! 이렇게 먹어요

미역에 풍부한 알긴산과 후코이단은 혈관 속 찌꺼기를 제거하고 혈액을 맑게 합니다. 수용성 식이섬유인 알긴산은 혈관 청소부라 불리면서 혈관에 쌓이는 나쁜 콜레스테롤(LDL)을 흡착하여 체외로 배출시킵니다. 또한 미역에 함유된 후코이단과 베타카로틴 등 강력한 항산화 성분은 혈액 내 독소 생성을 막고, 혈관 손상을 방지에 도움을 줍니다.

혈관을 깨끗하게 만들어 주는 미역과 같이 먹으면 그 효능을 더욱 높이는 식재료가 바로 노란색 파프리카입니다. 파프리카는 각종 비타민과 베타카로틴, 식이섬유 등 여러 영양소가 풍부하지만, 빨간색, 주황색, 노란색, 초록색 등 색깔에 따라 영양소 함량의 차이가 있습니다. 특히 노란색 파프리카는 혈액 응고를 막는 피라진이 풍부하여 혈전을 방지하고 혈액의 흐름을 원활하게 도와줍니다. 그리고 풍부한 플라보노이드는 혈관의 탄력성을 유지하여 혈관 벽을 튼튼하게 하는 역할을 합니다. 미역이 깨끗하게 청소한 혈관에 파프리카가 맑게 만들어 준 혈액이 더 원활하게 흐르도록 돕습니다.

또한 미역과 파프리카는 수용성 식이섬유와 불용성 식이섬유가 풍부해 포만감을 지속시키며, 장 속 환경을 개선해 장내 유익균 증식과 지방의 연소를 도와 다이어트에도 큰 도움을 줍니다.

혈관을 깨끗하게 만들어 주는 파프리카 미역냉채

재료(2인분 기준)
○ 마른 미역 20g
○ 파프리카 1개

양념장
○ 식초 4큰술
○ 매실액 4큰술
○ 다진 마늘 1/2큰술
○ 겨자 1/2큰술
○ 소금 2꼬집

1. 30분 이상 불린 미역을 깨끗하게 씻고 세로로 길쭉하게 썹니다. 부드러운 식감을 원한다면 미역 중간에 줄기 부분은 잘라내도 좋습니다.

2. 노란색 파프리카도 잘 씻어 최대한 얇게 세로로 썹니다.
   TIP_ 파프리카가 두꺼우면 부드러운 식감이 줄어드니 얇게 써는 것이 좋습니다.

3. 미역과 파프리카가 준비되었으면 볼에 넣고 양념장을 붓습니다. 겨자가 들어가서 약간 매울 수 있으니 양념을 조금씩 부어가며 매운 정도를 조절하세요.
   TIP_ 겨자소스는 따뜻한 물에 개어가며 걸쭉한 농도로 만드세요.

4. 조물조물 양념이 골고루 묻도록 잘 버무린 다음 빻은 깨를 솔솔 뿌리

면 향긋하고 신선한 미역냉채 완성입니다.
TIP_ 너무 오래 버무리면 미역의 알긴산이 나와 끈적해질 수 있으니 살짝 버무립니다.

5. 완성된 미역냉채는 그때그때 만들어 바로 먹고, 남으면 냉장 보관하여 2~3일 안에 먹는 것이 좋습니다.

NO! 이렇게 먹지 마세요

대부분 마른 미역을 구입해서 필요할 때 조금씩 불려서 활용합니다. 미역을 불릴 때 대부분 수돗물이나 생수에 넣고 천천히 불리는 경우가 많은데, 앞으로는 냉수가 아닌 설탕물에 불려 보세요. 설탕물에 미역을 불리면 불리는 시간이 단축될 뿐만 아니라 식감도 더 부드러워지고 영양소의 손실도 막을 수 있습니다. 미역에 설탕물이 배서 단맛이 나는 것은 아닐까 걱정할 수도 있는데, 설탕은 미역 안으로 침투되지 않기 때문에 물에 한 번 헹궈 주면 설탕의 단맛은 절대 나지 않습니다.

설탕의 양은 1L 기준 1큰술 정도이니 물의 양에 따라 조절하면 됩니다. 실제 실험 결과 불린 지 7분이 지나자 설탕물에 불린 미역은 전체적으로 골고루 잘 불려 있었고, 그냥 냉수에 불린 미역은 아직 군데군데 덜 불린 것을 확인할 수 있었습니다.

또한 미역에는 알긴산과 후코이단 이외에도 각종 비타민과 철분 등 수용성 미네랄이 풍부한데, 이런 수용성은 물에 불리면서 상당수 물에 녹아 나오기 때문에 영양소 손실이 발생합니다. 하지만 물에 불리는 시간이 줄어들면 그만큼 수용성 영양소의 손실이 줄어듭니다.

바나나

효능	불면증 완화 / 심혈관 건강	제철 시기	상시

저렴한 가격에 1년 내내 먹을 수 있는 바나나는 손쉽게 구할 수 있는 열대과일 중 하나로, 달콤한 맛과 부드러운 식감으로 남녀노소 누구나 좋아합니다. 바나나에는 각종 비타민과 칼륨, 마그네슘, 칼슘, 아연 등 다양한 영양소가 풍부합니다.

특히 바나나에 풍부한 칼륨과 마그네슘, 수용성 식이섬유는 심혈관 건강에 큰 도움을 줍니다. 하버드대학교 보건대학원의 연구에 따르면 바나나의 칼륨은 나트륨 배설을 촉진하여 혈압을 낮추고, 풍부한 마그네슘은 혈중 지방 수치를 감소시켜 심장 질환 위험을 낮춘다고 합니다.

국제비만저널에서 실제 4만 명의 성인을 대상으로 4년간 연구한 결과에 따르면, 바나나를 꾸준히 먹은 사람들은 혈중 콜레스테롤 수치가 낮았으며, 심장 질환이나 뇌졸중 발생 위험도 훨씬 낮은 것을 확인할 수 있었습니다.

**YES!
이렇게 먹어요**

바나나는 성질이 차기 때문에 몸이 냉하거나 위가 약한 사람들은 그냥 먹으면 오히려 몸에 부담이 될 수도 있습니다. 하지만 달걀과 함께 따뜻하게 익혀서 먹는다면 찬 성질은 완화되고, 심혈관 건강에 큰 도움을 줄 수 있습니다.

달걀에 풍부한 레시틴과 콜린 역시 뛰어난 유화 작용으로 혈관 건강을 지켜 주는데, 이 성분들은 혈관에 쌓인 노폐물과 중성지방을 배출시켜 동맥경화나 고지혈증 등 각종 혈관 질환 예방에 좋습니다.

심혈관을 지켜 주는 바나나전

재료(2인분 기준)
- 바나나 2개
- 달걀 2개
- 견과류 1줌

1. 먼저 바나나는 껍질을 벗기고 잘게 잘라서 볼에 넣고, 숟가락이나 포크를 이용해서 충분히 으깹니다.
   TIP_ 흔히 바나나는 까만 반점이 있을 때 먹어야 한다고 알고 있지만, 녹색 바나나도 노란 바나나 못지않게 건강상 이점이 많습니다. 녹색 바나나에는 착한 탄수화물로 불리는 저항성 전분이 노란 바나나보다 20배 이상 함유되어 있으며, 혈당 지수 또한 30으로 노란 바나나의 절반 수준에 그칩니다. 맛은 조금 덜하지만, 다이어트나 혈당, 장 건강을 생각한다면 살짝 덜 익은 녹색 바나나도 좋습니다.

2. 바나나를 어느 정도 으깼으면 달걀 2개를 깨서 넣고 잘 섞습니다.

3. 반죽이 준비되었으면 달군 팬에 기름을 조금 두르고 준비합니다. 바나나와 달걀만 들어가서 쉽게 탈 수 있으니 불의 세기는 최대한 약하게 하고, 숟가락으로 반죽을 떠서 팬에 올려 노릇하게 익힙니다. 앞뒤로 맛있게 구운 바나나전 위에 견과류를 솔솔 뿌려 맛과 함께 고소함까지 더합니다.
   TIP_ 크기가 너무 크면 잘 구워지지 않고 뒤집기도 어려우니 한입 크기로 작고 얇게 만드세요.

**NO!
이렇게 먹지 마세요**

달콤한 바나나와 부드러운 우유는 궁합이 잘 맞을 것 같은 음식 중 하나입니다. 바나나에 풍부한 마그네슘이 우유 속 칼슘의 흡수를 도와주지만, 이는 위장이 튼튼한 사람의 경우입니다. 실제로 나이가 들어 위장이 약한 사람은 이 둘을 같이 먹으면 소화 시간이 길어지고 위에 부담을 줄 수 있습니다.

바나나에 풍부한 식이섬유는 위 속에 머무는 시간이 긴데 여기에 우유까지 더해진다면 위에서 과발효가 되어 건강에 악영향을 줄 수 있습니다. 이런 작용이 반복되면 피로감과 무기력감은 물론 위염이나 역류성 식도염도 유발할 수 있으니 주의하세요.

밤

| 효능 | 심혈관 질환 개선 / 면역력 강화 / 눈 건강 | 제철 시기 | 가을 |

날씨가 쌀쌀해지면 생각나는 밤은 가을, 겨울철 대표 간식 중 하나입니다. 밤에는 비타민 C를 포함하여 각종 비타민과 탄수화물, 단백질, 지방 등 5대 영양소도 풍부합니다. 영양학적으로도 우수한 밤은 피로 회복과 면역력 강화뿐만 아니라 건강에 많은 도움을 줍니다.

밤에 풍부한 리놀렌산은 중성지방의 수치를 낮춰 줄 뿐만 아니라 혈액의 흐름도 개선하는 역할을 합니다. 또한 혈관 내 콜레스테롤 수치를 낮춰 주는 효능도 좋아 고혈압이나 고지혈증, 심근경색 등의 심혈관 질환 개선에도 뛰어난 효과가 있습니다.

밤에 풍부한 비타민 A는 눈 건강을 지키는 데 큰 도움을 줍니다. 비타민 A는 눈의 피로를 풀어 주고, 시력을 개선합니다. 눈 건강뿐만 아니라 백내장과 야맹증 등 눈 질환 예방과 개선에도 도움을 줍니다. 노화로 인한 시력 약화나 수험생들의 눈 건강에도 좋습니다.

**YES!
이렇게 먹어요**

밤에 함유된 비타민 C와 카로티노이드는 신체 면역력을 올려 줍니다. 신진대사를 촉진하고 외부의 세균이나 바이러스 등에 대항하는 면역력을 강화시키고, 특히 밤에 풍부한 비타민 C는 면역력은 물론 피로 회복과 피부미용에도 좋습니다. 밤은 생으로 먹거나 구워서도 먹고 찌거나 삶아서도 먹는데, 면역력 강화를 위해 가장 좋은 조리 방법은 바로 쪄서 먹는 것입니다.

농촌진흥청의 연구에 따르면 밤 조리법에 따른 비타민 C 함량을 비교한 결과, 밤 100g당 생밤은 12mg, 군밤은 24mg이었으나 찐 밤은 61mg으로, 찐 밤이 생밤의 5배 이상 높다고 합니다.

하지만 비타민 C의 경우 실제로 몸속으로 흡수되는 것은 50%도 안 됩니다. 이런 비타민 C는 칼륨과 만나면 체내 흡수율을 크게 높일 수 있으니 칼륨이 풍부한 콩과 같이 쪄서 먹는다면, 비타민 C의 흡수율을 높여 우리 몸의 면역력을 강화하는데 큰 도움이 됩니다.

알맹이만 쏙 빠지는 찐 밤

재료
○ 밤 20~30개

1. 밤을 흐르는 물에 깨끗하게 씻어 먼지나 이물질을 제거합니다.

2. 세척이 끝난 밤은 충분히 잠길 정도의 물에 30분 정도 담가 놓습니다.
   TIP_ 물에 불린 밤은 겉껍질이 부드러워져 손질이 편하고 껍질도 잘 벗겨집니다.

3. 잘 불린 밤은 꼭지 부분에 열십자로 칼집을 내 줍니다.
   TIP_ 칼집 사이로 열기가 스며들어 밤이 골고루 익고 더욱 맛있습니다.

4. 칼집을 낸 밤은 물이 끓는 찜기에 올리고 센 불에서 10분, 중불에서 10분 동안 찐 후 불을 끄고 10분 동안 뜸을 들입니다.

5. 차가운 물에 밤을 재빨리 씻어 밤의 열기를 식혀 완성합니다.

6. 식힌 밤의 칼집 난 부분을 잡고 벗기면 알맹이만 쉽게 벗길 수 있습니다.

**NO!
이렇게 먹지 마세요**

밤은 11월에서 12월에 사는 것을 추천합니다. 보통 갓 수확한 밤이 싱싱하고 맛있을 것으로 생각하지만, 갓 수확한 밤은 단맛이 떨어지기 때문에 한두 달 정도 후숙 기간이 지난 밤의 당도가 30~40% 정도 높아진다고 하니 참고하세요.

또한 표면에 윤기가 흐르는 밤을 사야 하는데, 윤기가 없는 것은 수입산일 가능성이 큽니다. 수입산 밤의 특징은 윤기가 돌지 않으며 단맛과 밤의 향이 적습니다.

그리고 눌렀을 때 단단한 밤을 골라야 합니다. 단단하지 않은 밤은 밤 속을 벌레가 먹었거나 속이 비었을 가능성이 큽니다. 벌레가 들어 있는 밤은 구멍이 있기 때문에 구멍이 있는 밤도 피하세요.

방풍나물

| 효능 | 염증 개선 / 뇌졸중 예방 / 눈 건강 / 중금속 배출 | 제철 시기 | 여름 |

방풍나물은 풍을 예방한다고 하여 붙여진 이름으로, '갯기름나물'이라고도 합니다. 방풍나물 특유의 쓴맛은 쿠마린의 영향이며 염증 개선에 도움을 줍니다. 방풍나물은 염증 매개체인 사이토카인을 억제하여 염증의 생성을 막고, 몸 밖으로 배출시키며 관절염이나 피부염과 같은 각종 염증성 질환을 예방하고 증상을 완화합니다. 방풍나물에 풍부한 항산화 성분인 베타카로틴은 눈 건강에 많은 도움을 주는데, 베타카로틴이 체내 흡수되는 과정에서 눈 건강에 좋은 비타민 A로 전환되어 시력을 보호하고 눈의 피로를 풀어 효과적입니다. 방풍나물은 면역력 향상에 도움이 되며, 체내에 쌓여 있는 각종 중금속과 독소를 외부로 배출시키는데 뛰어난 효과가 있습니다.

YES! 이렇게 먹어요

뇌졸중을 예방하는데 가장 효과적인 식재료 중 하나로,《동의보감》에 따르면 방풍나물은 통풍이나 산후풍 등 36가지의 풍을 막아 준다고 기록되어 있습니다. 또한 각종 비타민과 미네랄도 풍부해 건강에 많은 도움을 줍니다. 특히 방풍나물에 풍부한 쿠마린 성분은 혈액응고를 방지하여 뇌혈관이 막히거나 터지는 것을 예방하는 효과가 뛰어납니다.

또한 글루탐산과 아스파라긴, 루신 등의 아미노산 함량이 높아 뇌 신경전달물질 대사를 원활하게 하여 치매와 각종 풍을 예방합니다. 중앙대학교 약학대학의 연구에 따르면 방풍나물의 뛰어난 항산화 효과는 뇌졸중을 유발하는 혈관 염증 제거에도 도움을 준다고 합니다. 뇌졸중 예방에 좋은 방풍나물은 방풍나물전으로 먹으면 좋습니다.

뇌졸중 예방에 좋은 방풍나물전

재료(2인분 기준)
○ 방풍나물 1줌
○ 밀가루 1컵

1. 방풍나물에는 미량의 독성이 있으므로 조리 전 약 5~10초 동안 데쳐 주는 것이 중요합니다.

2. 손질한 방풍나물은 반죽과 함께 기름을 살짝 두른 팬에 굽습니다.
   TIP_ 뇌졸중 예방에 효과적인 쿠마린 성분은 지용성으로 기름과 함께 조리하면 그 흡수율이 훨씬 증가합니다.

NO!
이렇게 먹지 마세요

방풍나물은 차가운 성질을 지닌 식품으로 몸이 차거나 소화가 잘 안 된다면 주의가 필요합니다. 복통이나 설사와 같은 소화 장애 부작용이 발생할 수 있습니다.

방풍나물은 너무 자라면 억세져서 맛이 없고 어린 새순이 가장 부드럽고 맛있습니다. 방풍나물을 선택할 때는 잎이 신선하고 줄기가 길지 않으며, 향기가 좋은 것을 고릅니다. 잎의 색은 연한 녹색을 띠는 것이 좋습니다.

방풍나물을 오래 보관하기 위해서는 말려서 묵은 나물로 만들거나 말린 후 가루를 내 반죽 등에 사용합니다. 또한 설탕에 절여서 효소로 만들어 먹을 수도 있습니다. 방풍나물을 사용하고 남았을 때는 냉장 보관하고, 물에 적신 키친타월이나 신문지로 방풍나물을 감싼 후 비닐 팩에 넣어 보관합니다. 삶은 뒤 물기를 꼭 짜서 냉동 보관하면 오래 두고 먹을 수 있습니다.

배

| 효능 | 기관지 건강 / 항암 효과 / 간 건강 | 제철 시기 | 가을 |

9월~11월이 제철인 배는 아삭하고 달콤한 맛이 특징인 과일입니다. 배는 대표적인 알칼리성 식품으로 폴리페놀과 플라보노이드를 비롯해 펙틴과 같은 식이섬유도 풍부해 건강에 많은 도움을 줍니다. 배에는 기관지 염증을 줄이고 기관지를 보호하는 루테올린이 풍부하여, 천식이나 가래, 기침 등의 증상 완화에 도움을 주어 기관지 건강을 지켜 줍니다. 부산대학교의 연구에 따르면 배의 꾸준한 섭취가 천식 유발 인자를 40% 이상 감소시켰다는 연구 결과도 있습니다. 이런 성분들은 과육보다는 배 껍질에 더욱 풍부하므로 껍질째 먹는 것을 추천합니다. 배에 함유된 폴리페놀은 암 유발 물질들을 억제하고, 항산화 작용으로 체내 활성산소를 없애 주며 각종 암을 예방하는 효과도 뛰어납니다.

YES! 이렇게 먹어요

배에는 펙틴과 같은 식이섬유가 풍부해 우리 몸의 독소를 몸 밖으로 배출해 주는 역할을 합니다. 또한 배에 함유된 알부틴과 아스파라긴산은 간의 해독을 돕습니다. 전남대학교 대학원의 연구에 따르면 배의 이런 성분들이 간세포 성장에도 도움을 준다고 합니다. 또한 간의 기능 활성화를 높여 간에 쌓인 지방 배출에도 아주 효과적입니다.

대부분의 사람은 과일의 경우 생으로 먹어야 영양가가 가장 높다고 생각합니다. 하지만 배는 익혀 먹으면 간의 노화 방지와 해독 작용에 도움을 주는 유효 성분들이 크게 증가합니다. 한국식품과학회지의 자료에 따르면 배를 가열하면 폴리페놀과 플라보노이드가 최대 3,700배까지 상승한다고 밝혔습니다. 따라서 간 건강을 위해서 배는 배숙으로 먹는 것이 배의 유효 성분을 가장 효과적으로 섭취할 수 있습니다.

간 건강에 탁월한 배숙

재료(1인분 기준)
- 배 1개
- 마늘 2개
- 견과류 약간

1. 배는 흐르는 물에 잘 씻고, 갈기 편하게 4등분하여 마늘과 함께 믹서기에 넣고 갑니다.
   TIP_ 배 껍질은 과육보다 간 해독에 도움이 되는 폴리페놀과 플라보노이드가 풍부하므로 껍질째 잘 씻습니다.
   TIP_ 마늘에 함유된 알리신이 배와 함께 간 해독에 큰 도움을 줍니다.

2. 잘 갈린 배와 마늘은 냄비에 옮겨 담아 끓입니다. 강불에서 10분 정도 천천히 저으면서 끓이는 것이 좋습니다.

3. 끓인 배숙은 먹기 전에 땅콩과 같은 견과류를 조금 추가하면 더 좋습니다.

TIP_ 간 해독을 돕는 배의 알부틴은 견과류의 약산성과 만나면 체내 흡수율이 더욱 높아집니다.

**NO!
이렇게 먹지 마세요**

배는 찬 성질의 과일로 소화 기능이 약하거나 과민성 대장 증후군을 가지고 있다면 증상을 악화시킬 수 있으니 주의하세요. 찬 기운으로 인해 기침이 발생하거나 위장이 냉하여 구토가 발생할 수도 있습니다. 배의 하루 적정 섭취량은 1/2개(200g) 정도가 좋습니다.

배추

효능	변비 예방 / 항암 작용 / 고혈압 예방 / 폐 건강	제철 시기	가을

배추는 십자화과에 속하는 식물로 무, 고추, 파와 함께 우리나라 사람들이 가장 많이 섭취하는 채소 중 하나입니다. 특히 배추는 김치를 담글 때 필수로 사용되어 우리에게 매우 친숙한 채소라고 할 수 있습니다. 배추에는 베타카로틴 등 다양한 비타민과 미네랄 성분들도 풍부하여 건강에 많은 도움을 줍니다.

배추에 많이 들어 있는 글루코시놀레이트와 시니그린 성분은 항암 작용에 뛰어난 효과가 있어 대장암, 위암을 비롯하여 각종 암을 예방합니다. 특히 두 성분은 배춧속에 있는 하얀 부분에 많이 함유되어 있습니다.

YES! 이렇게 먹어요

배추에 풍부한 베타카로틴과 식이섬유 그리고 각종 항산화 물질은 장과 폐 건강에 큰 도움을 줍니다. 배추에 함유된 알릴이소티오시아네이트는 대장에 있는 염증을 완화해 장 건강에 효과적입니다. 또한 풍부한 식이섬유는 장내 환경을 개선하고, 장운동을 촉진해 장 속 독소를 배출합니다.

배추의 푸른 잎에는 베타카로틴이 100g당 145ug 함유되어 있어 폐와 기관지 등 호흡기 건강을 지켜 줍니다. 요리 연기나 미세먼지 등 폐 건강이 중요시되는 요즘 꼭 챙겨 먹을 필요가 있습니다. 배추는 그냥 먹는 것보다 달걀과 같이 먹으면 그 효능을 더욱 높일 수 있습니다.

달걀과 배추를 같이 먹으면 서로 부족한 영양소를 보완할 수 있고, 각각의 영양소 흡수율을 높여 줍니다. 배추의 베타카로틴은 지용성으로 지방과 같이 먹으면 흡수율이 크게 증가합니다. 달걀에는 양질의 지방이 풍부하여 베타카로틴의 체내 흡수율을 최대 8배까지 높일 수 있습니다. 그리고 달걀에 부족한 비타민 C를 배추가 보완해 영양상 균형을 맞출 수도 있습니다. 배추의 비타민은 다른 채소에 비해 가열해도 크게 감소하지 않으니 달걀과 함께 국으로 먹는 것도 좋습니다.

폐와 장 건강을 지켜 주는 배추 달걀국

재료(3인분 기준)
- 배춧잎 3개
- 달걀 3개
- 물 6컵
- 다시마 1조각
- 대파 1줌
- 멸치액젓 1큰술
- 국간장 1큰술
- 소금 약간

1. 먼저 배춧잎을 깨끗하게 세척하고 반을 갈라 먹기 좋은 크기로 썰고, 달걀을 깨서 흰자와 노른자가 잘 섞이도록 풉니다.

2. 냄비에 물 6컵을 붓고 다시마 조각을 넣은 후 약 10분 동안 끓이다가 다시마를 건져낸 후 국간장 1큰술과 멸치액젓 1큰술을 넣습니다.
   TIP_ 기호에 따라 멸치로 국물을 내도 좋습니다.

3. 국물이 팔팔 끓으면 준비한 배춧잎을 넣고 조금 더 끓입니다.

4. 배추가 끓어서 부드럽게 익으면 달걀물을 돌려가며 골고루 붓습니다.
   TIP_ 달걀을 부은 후 바로 젓지 말고 30초 동안 그대로 두는 것이 좋습니다. 달걀을 넣자마자 저으면 국물이 탁해져서 시원한 맛이 떨어질 수 있습니다.

5. 국물이 뽀얗게 우러나면 간을 보고 소금을 추가합니다. 국이 다 끓었으면 대파 1줌을 넣고 한소끔 끓여 배추 달걀국을 완성합니다.

NO!
이렇게 먹지 마세요

배추는 기본적으로 성질이 차가운 음식이기 때문에 배가 차갑거나 손발이 차갑다면 소량으로 조금씩 섭취하는 것이 좋습니다. 배추를 과다 섭취하면 설사나 복통 증상이 나타날 수 있습니다.

통배추를 보관할 때는 키친타월에 싸서 신문지로 한 번 더 포장합니다. 배추는 가을부터 겨울에 주로 먹기 때문에 냉장고가 아니더라도 베란다처럼 서늘한 공간에 보관하면 되고, 눕히지 말고 세워서 보관합니다.

주로 국이나 찌개에 배추를 넣어 먹는다면 냉동 보관한 배추를 사용하면 간편합니다. 배추를 생으로 냉동해도 좋고 살짝 데친 후에 물기를 짜내고 소분해서 냉동 보관하면 편리합니다.

보리차

| 효능 | 혈액 순환 개선 / 면역력 강화 / 노폐물 제거 | 제철 시기 | 상시 |

우리나라 사람들이 가장 많이 마시는 차 중 하나가 바로 보리차입니다. 우리 몸에 활성산소가 생성되면 세포막을 공격해 각종 질병과 노화를 일으키는데, 보리차에 함유된 각종 비타민과 항산화 물질들은 면역력 강화에 효과적입니다. 보리차의 뛰어난 산화 방지 역할은 피부 탄력 증진과 염증 제거에도 좋습니다. 보리차를 꾸준하게 섭취하면 위장 장애나 소화불량 완화에 많은 도움을 줍니다. 《동의보감》에 따르면 보리차가 위를 편안하게 만들고, 관장 효능이 있어 식체와 소갈 등을 치료한다고 기록되어 있습니다. 또한 다양한 다당류가 함유되어 있어 위 점막을 보호하고 염증을 막아 위염을 예방하는 효과도 있습니다. 보리차는 유해 물질을 흡착해 몸 밖으로 배출시켜 대장암 예방에도 좋습니다.

**YES!
이렇게 먹어요**

보리차 특유의 구수한 향과 맛을 내는 것은 보리에 풍부한 알킬피라진 때문이며, 혈액의 유동성 향상에 좋은 작용을 하여 혈전 생성을 억제하고 혈류의 흐름을 좋게 만듭니다. 또한 보리에 풍부한 베타글루칸은 보리차에 그대로 녹아 나와 혈액 속 콜레스테롤 수치 감소에 아주 효과적입니다. 이런 작용들은 혈관을 더 깨끗하고 튼튼하게 만들어 심근경색과 고지혈증, 뇌졸중 등의 혈관 관련 질환의 예방과 증상 개선에 좋습니다.

혈관 건강에 좋은 보리차를 끓일 때 1줌만 넣어 주면 그 효능을 극대화시킬 수 있는 식재료가 바로 양파 껍질입니다. 창원대학교 식품영양학과의 자료에 따르면 양파 껍질에 풍부한 퀘르세틴은 양파 속보다 60배 정도 더 많이 함유되어 있다고 하며, 폴리페놀의 일종으로 항산화 작용을 해 주고 세포의 노화를 막아 줍니다. 또한 동맥을 부드럽게 만들어 모세혈관을 더욱 튼튼하게 만들어 순환기 계통 질환 예방에 큰 도움을 줍니다.

찬 성질인 보리와 따뜻한 성질의 양파가 만나면 상호보완이 되어 누구나 부담 없이 마실 수 있습니다. 물 대신 양파 껍질 보리차를 끓여서 구수한 맛은 즐기고 혈관 건강도 지키세요.

혈관 건강에 좋은 양파 껍질 보리차

재료(2L 기준)
○ 볶은 보리 1/2줌
○ 양파 껍질 1줌
○ 물 2L

1. 양파 껍질을 벗기기 전 양파를 껍질째 흐르는 물에 2~3차례 정도 충분히 헹구고, 양파 껍질을 최대한 얇게 벗깁니다.
   TIP_ 양파 껍질은 말려 주는 것이 가장 좋지만 물기만 제거하고 사용해도 됩니다.

2. 먼저 물 2L를 준비하고 물이 끓으면 불을 중간 정도로 낮춰 볶은 보리 1/2줌을 넣고 바로 양파 껍질도 1줌 정도 넣습니다.
   TIP_ 오래 끓이면 쓴맛이 심하게 올라오니 양파 껍질을 넣은 후 5~10분 동안 끓입니다.

3. 물이 갈색으로 변하면 불을 끕니다.
   TIP_ 양파 껍질의 퀘르세틴이 물에 우러나면 갈색으로 변합니다.

4. 양파 껍질 끓인 물은 금방 상할 수 있으니 바로 냉장고에 넣고 3일 안에 마시는 것이 좋습니다.

NO!
이렇게 먹지 마세요

보리차는 누구나 안심하고 복용할 수 있는 안전한 식품 중 하나입니다. 하지만 개인의 체질에 따라 과도한 양을 복용하면 부작용이 나타날 수 있습니다. 보리는 차가운 성질을 가지고 있기 때문에 평소 몸이 차갑다면 주의하세요.

또한 한 번 사용한 보리차 티백은 재사용하지 말고 버리세요. 보리차는 물 대신 마셔도 되므로 하루 6~8컵 정도가 적정량입니다.

복숭아

효능	혈관 질환 개선 / 해독 작용 / 피부 미용 / 가래 제거	제철 시기	여름

달콤하면서 부드러운 복숭아는 6월~9월까지, 많은 사람이 즐겨 먹는 맛과 영양이 모두 풍부한 과일입니다. 복숭아에 함유된 페놀과 칼륨은 혈관 질환을 예방하고 개선합니다. 페놀은 체내 콜레스테롤 수치를 낮춰 혈액 순환을 원활하게 만들어 줍니다. 칼륨은 나트륨과 노폐물을 배출하는 역할을 하여 혈압 조절에도 도움이 됩니다. 영국 뉴캐슬대학교 연구팀의 실험에 따르면 복숭아는 식중독을 비롯하여 신체 해독 작용에 효과적이며, 복숭아의 아미그달린은 인체로 투입된 독성 물질의 해독을 도와 증상 완화와 독소 배출을 돕습니다. 여름철 상한 음식을 먹어서 발생하는 식중독이나 배탈 또는 흡연 등으로 인체에 유해한 성분이 들어오는 것을 대비하여, 복숭아를 자주 먹어 우리 몸을 깨끗하고 건강하게 만들 수 있습니다.

YES! 이렇게 먹어요

복숭아에 함유된 시안화수소산은 호흡 중추를 진정시켜 기침과 가래 제거에 도움을 줍니다. 그래서 한방에서는 여성의 생리통과 기침, 가래 등을 낫게 하려고 복숭아를 약용으로 쓰기도 합니다. 또한 복숭아의 아미그달린도 신경을 안정시켜 주고 가래를 삭여 기관지 건강을 지켜 줍니다.

복숭아는 그냥 깎아서 먹어도 좋지만, 그 효능을 더욱 높이기 위해 복숭아 깍두기로 먹으면 좋습니다. 아는 사람들만 안다는 복숭아 깍두기에 들어가는 고춧가루에는 캡사이신이 풍부하여 가래 배출과 위 건강에도 도움을 주고, 위 점막의 혈액 순환을 도와 위를 보호하며 위 질환의 원인 중 하나인 헬리코박터균을 억제하는 역할도 합니다. 또한 가래를 분해하는 효과도 있어 복숭아와 함께 기침과 가래 제거에 효과적입니다.

가래 제거에 도움을 주는 복숭아 깍두기

재료(2인분 기준)
- 복숭아 2개
- 대파 1/2줌
- 소금 적당량
- 깨 약간

양념장
- 고춧가루 2큰술
- 액젓 1큰술
- 매실액 1큰술
- 다진 마늘 1/2큰술

1. 깨끗하게 씻은 복숭아는 껍질을 깎고 먹기 좋은 크기로 깍둑썰기하고, 10분 동안 소금에 절입니다.
   TIP_ 살짝 절인 복숭아는 식감이 탱글탱글해져 더욱 먹기 좋습니다.

2. 10분이 지났다면 물을 버리고 복숭아와 양념장을 볼에 담고 조물조물 무쳐 줍니다.

3. 마지막에 대파와 깨를 뿌리고 살짝 버무리면 맛있는 복숭아 깍두기 완성입니다.

NO!
이렇게 먹지 마세요

장어와 함께 먹지 마세요

장어는 대표적인 보양식으로 각종 영양소가 풍부한 음식 중 하나입니다. 장어에는 비타민 A와 E, 오메가3도 풍부해 면역력 강화와 기력 회복 등 건강에도 많은 도움을 줍니다. 하지만 장어에는 지방이 21%나 함유되어 있고 단백질도 풍부하여 소화가 잘되는 음식은 아닙니다.

장어의 지방과 단백질은 소장에서 프로테아제와 리파아제, 아밀라아제 등에 의해 분해되는데, 복숭아의 신맛을 내는 유기산은 장에 자극을 주어 이런 소화 효소의 기능을 떨어뜨리기 때문에 지방의 소화를 방해할 수 있습니다.

또한 복숭아의 유기산은 산성이고 소장의 환경은 알칼리성이기 때문에 장어와 복숭아는 상극이라고 볼 수 있습니다. 복숭아는 장어의 지방 분해를 방해하여 배탈과 설사를 일으킬 수 있으니 같이 먹는 것은 피하세요.

고혈압 약을 바로 복용하지 마세요

복숭아에는 100g당 약 200mg의 풍부한 칼륨이 함유되어 있습니다. 칼륨은 몸속 나트륨 배설을 도와 혈압을 안정화시키고, 각종 혈관 질환 예방에 도움을 줍니다. 하지만 고혈압 약을 복용 중이라면 칼륨이 풍부한 복숭아의 섭취는 주의가 필요합니다. 고혈압 약에 함유된 이뇨제 성분은 칼륨이 몸 밖으로 빠져나가는 것을 막습니다.

그런데 이때 칼륨이 풍부한 복숭아를 먹는다면 몸속 칼륨의 농도가 너무 높아져 고칼륨혈증이 생길 위험이 있습니다. 고칼륨혈증의 증상으로는 무력감과 근육통, 심박수 증가 등이 있고, 심할 경우 부정맥과 같은 심혈관 질환을 유발할 수 있습니다. 복숭아를 먹고 고혈압 약을 바로 복용하지 말고, 1~2시간 이상 충분한 시간 간격을 두고 복용하세요.

봄동

| 효능 | 면역력 강화 / 혈액 순환 / 노화 방지 | 제철 시기 | 봄 |

봄동은 겨울에 바깥에서 자라면서 옆으로 퍼진 개장형의 배추를 말합니다. 특유의 단맛과 사각사각한 식감으로 무침이나 쌈으로 즐겨 먹습니다. 베타카로틴과 미네랄이 풍부한 봄동은 혈관 건강과 면역력 강화 등 건강에도 많은 도움을 줍니다.

봄동에는 비타민 C를 포함한 각종 비타민과 필수아미노산이 풍부하며, 외부 바이러스나 세균 등에 대항할 수 있는 면역력을 강화하고 체내 면역체계 개선에 도움을 줍니다. 그뿐만 아니라 추운 겨울이나 환절기에 발생할 수 있는 감기를 예방하는데도 뛰어난 효능이 있습니다.

YES! 이렇게 먹어요

봄동은 배추와 생김새가 비슷하지만, 배추에는 거의 없는 베타카로틴이 아주 풍부하며 칼륨이 풍부합니다. 베타카로틴과 칼륨은 혈관에 쌓여 있는 노폐물과 나트륨을 외부로 배출시키는 효과가 뛰어나고, 혈관 노폐물을 배출하여 혈액 순환이 원활해지며, 동맥경화나 심근경색과 같은 혈관 질환 예방과 개선에 큰 도움을 줍니다. 이렇게 혈액 순환 개선에 효과적인 봄동을 아주 효과적으로 먹는 방법이 있습니다.

바로 사과, 양파와 함께 무침으로 먹는 것입니다. 사과와 양파 역시 혈관을 깨끗하게 만들고 혈액 순환에 도움을 주는 식재료로 봄동과 궁합이 아주 좋습니다. 사과는 새콤달콤한 맛과 항산화 성분인 플라보노이드가 풍부합니다. 플라보노이드는 혈중 콜레스테롤 수치를 개선하여 혈관 벽을 보호하고 원활한 혈액 순환을 돕습니다.

양파 역시 퀘르세틴이 풍부해 혈관의 탄력을 높여 혈관을 확장합니다. 그리고 봄동과 사과의 차가운 성질을 따뜻한 성질의 양파가 보완해 체내에서 조화가 잘 이루어집니다. 이런 식재료들이 만나면 혈관과 혈액 건강에도 좋고, 서로 좋은 효과도 발휘합니다.

하지만 베타카로틴과 퀘르세틴은 모두 지용성으로, 그냥 먹으면 흡수율이 8%에 그칩니다. 이때 들기름을 첨가해서 먹는다면 흡수율이 최대 8배까지 증가합니다.

혈액 순환에 탁월한 봄동무침

재료(4인분 기준)
- 봄동 250g
- 사과 1/2개
- 양파 1/2개
- 들기름 2큰술

양념장
- 고춧가루 3큰술
- 멸치액젓 1큰술

1. 봄동은 밑동을 자르고 겉잎을 뗀 후 흐르는 물에 깨끗이 씻어 물기를 빼고, 사과도 깨끗하게 씻어 껍질째 썰어 양파와 함께 준비합니다.
   TIP_ 사과 껍질에 플라보노이드가 더욱 풍부하니 잘 씻어 껍질째 사용하세요.

2. 봄동을 먹기 편한 크기로 손으로 찢어서 볼에 담아 양념장을 넣고 조물조물 버무립니다.

3. 봄동이 어느 정도 버무려졌다면 채 썬 사과와 양파를 넣고, 그 위에 들기름 2큰술을 넣어 다시 한번 살짝 무치면 아삭한 봄동무침 완성입니다.

○ 다진 마늘 1큰술
○ 매실액 1큰술
○ 식초 1큰술

TIP_ 들기름에 풍부한 오메가3는 혈관 벽에 붙은 콜레스테롤 제거와 혈전 방지에 뛰어난 효능이 있습니다.

NO!
이렇게 먹지 마세요

차가운 성질의 봄동을 평소 몸이 차가운 사람이나 소화 기능이 약한 사람들이 과다 섭취하면 복통과 설사 등 소화 장애를 일으킬 수 있습니다. 그래서 따뜻한 성질을 지닌 고추나 파, 마늘 등과 함께 먹으면 부작용을 최소화할 수 있습니다.

평소 장이 예민하다면 식이섬유가 풍부한 봄동을 생으로 먹기보다는 살짝 데쳐서 먹는 것이 장의 부담을 덜어 소화를 쉽게 합니다.

부추

| 효능 | 혈액 순환 개선 / 간 건강 / 스태미너 강화 | 제철 시기 | 봄 |

알싸한 맛과 독특한 향이 특징인 부추는 예로부터 많은 사람이 즐겨 먹는 식재료입니다. 《동의보감》에서는 부추가 오장을 편안하게 하고 위의 열기를 없애며, 허약함을 보호한다고 기록되어 있습니다. 부추의 카로틴, 비타민, 칼슘, 철 등의 영양소는 건강에 좋은 영향을 줍니다.

부추는 예로부터 부부간의 정을 오래 유지해 준다고 해서 '정구지'라고도 불렸습니다. 강한 양기를 품고 있는 음식으로 천연 피로 회복제 역할을 하며, 자양 강장에도 탁월한 효과가 있습니다. 부추를 꾸준히 섭취하면 피로를 풀어 주고 활력이 높아져 남성의 스태미너 증가 효과를 가져옵니다. 남성뿐만 아니라 여성의 생리통 개선과 냉한 체질 개선에도 효과가 있으니 남녀 모두에게 좋습니다.

YES! 이렇게 먹어요

부추에 가득한 베타카로틴과 비타민 B군은 간 건강에 중요한 요소입니다. 베타카로틴은 활성산소를 제거하여 간에 독소가 쌓이는 것을 막고 간의 해독 작용도 도와줍니다. 또한 비타민 B군은 몸속 피로 물질을 분해하여 간의 부담을 덜어 줍니다. 《동의보감》에도 부추는 '간의 채소'라 기록되어 있을 정도로 간 건강을 지키는데 큰 도움을 줍니다.

부추는 어떤 음식과 같이 먹느냐에 따라 건강상 이점을 크게 높일 수 있는데, 바로 된장과 함께 쪄서 먹는 것입니다. 부추는 생으로 먹는 것보다 익혀 먹으면 베타카로틴이 많이 증가합니다. 식품의약품안전처의 자료에 따르면 부추를 살짝 익히면 베타카로틴이 생부추에 비해 최대 26배까지 증가한다고 합니다. 된장 역시 8가지 필수아미노산과 발효 성분들이 풍부하여 몸속에 쌓인 독소와 유해 물질을 몸 밖으로 배출시킵니다. 그래서 된장과 부추를 같이 먹으면 부추에 함유된 칼륨이 된장의 나트륨 흡수를 막아 된장의 유일한 단점을 보완할 수 있습니다.

간에 쌓인 독소 제거에 좋은 부추 된장찜

재료(4인분 기준)
- 부추 200g
- 된장 1큰술
- 들깻가루 3큰술
- 밀가루 3큰술
- 참기름 1큰술

1. 부추는 살짝 다듬고 흐르는 물에 잘 씻어서 물기를 털어 먹기 좋게 4~5cm 길이로 자릅니다.

2. 부추에 된장 1큰술, 참기름 1큰술을 넣고 잘 버무립니다.
   TIP_ 된장에 없는 비타민 A와 C는 부추가 보충하고, 부추에 없는 단백질은 된장이 채웁니다.

3. 양념한 부추에 밀가루 3큰술, 들깻가루 3큰술을 솔솔 뿌린 후 잘 섞습니다.
   TIP_ 밀가루와 들깻가루가 뭉치지 않게 골고루 뿌리는 것이 중요합니다.

4. 양념한 부추가 준비되었다면 김이 오른 찜기에 넓게 펴서 중불에서 약 5분 동안 찌면 부추 숨은 죽고 양념이 잘 배서 맛있게 먹을 수 있습니다. 기호에 따라 찌는 시간을 조금 더 늘려도 좋습니다.

NO! 이렇게 먹지 마세요

부추는 열성으로 많이 먹으면 상부로 열이 오르게 되는데, 심할 경우 정신이 흐릿해지고 눈이 침침해질 수 있습니다. 체질적으로 몸에 열이 많고 더위를 많이 타는 사람은 적게 먹어야 합니다. 특히 위장의 기가 허약하면서 열이 있거나 음기가 부족하여 몸이 마르고 허열이 오를 때에는 피해야 합니다. 음주로 인해 몸에 열이 있을 때도 먹지 않는 것이 좋습니다.

여름에 나는 부추는 섬유질이 많아서 소화, 흡수가 쉽지 않기 때문에 위장에 부담을 줄 수 있으므로 위장병이 있거나 대변이 묽은 사람은 섭취에 주의하세요. 하루 200g 이내로 먹는 것을 추천합니다.

브로콜리

| 효능 | 해독 작용 / 관절염 예방 / 항암 효과 / 근 손실 예방 | 제철 시기 | 겨울 |

브로콜리는 세계 10대 슈퍼푸드 중 하나로 각종 비타민을 비롯해 다양한 항산화 물질이 가득한 채소입니다. 브로콜리에는 강력한 항산화 물질인 설포라판이 100g당 6.9mg으로, 식재료 중 가장 풍부한 수준입니다. 또한 브로콜리 100g당 하루에 필요한 비타민 C의 150%를 제공하며 필수무기질, 칼슘, 마그네슘, 섬유질 등 각종 영양소가 풍부합니다.

브로콜리는 노폐물을 걸러내고 독소를 해독하는 간의 기능을 돕습니다. 브로콜리에 풍부한 항산화 물질과 비타민, 무기질 등은 혈액 내 독소 수치를 낮추고 배설을 통해 몸 밖으로 배출시키는 역할을 합니다. 이러한 효과는 신체 pH를 조절하고, 혈액을 정화해 전반적인 건강 증진에 도움을 줍니다. 해독 효과는 몸속에서 최대 2주까지 지속된다고 하니 브로콜리는 정기적으로 먹으면 좋습니다.

YES!
이렇게 먹어요

브로콜리에 함유된 설포라판은 유방암, 방광암 등 각종 암 예방과 개선에 탁월한 효과가 있습니다. 이런 브로콜리의 항암 효과를 극대화하기 위해서는 볶거나 데쳐서 먹는 것보다 찜기에서 3~4분 동안 쪄서 먹는 것이 더 좋습니다.

미국 일리노이대학교 영양학과 연구에 따르면 브로콜리의 항암 작용을 하는 설포라판이 제 기능을 발휘하고 인체에 흡수되기 위해서는 미로시나아제라는 효소가 꼭 필요하며, 쪄서 먹을 때 효소가 가장 파괴되지 않고 섭취할 수 있다고 합니다.

미로시나아제는 브로콜리의 생체 이용률을 최대 400%까지 증가시킵니다. 섬유소가 많은 브로콜리는 생으로 먹으면 소화 흡수가 어렵고, 1분 이상 데치면 이러한 영양소가 대부분 파괴된다고 하니 흡수율 증가와 부드러운 식감을 위해서 꼭 쪄서 먹습니다.

대부분 찐 브로콜리를 초장에 찍어 먹는데, 이렇게 먹는 것은 영양학적으로 좋은 방법은 아닙니다.

초장에는 식초처럼 산성을 띠는 식재료가 함유되어 있는데, 브로콜리의 항산화 물질들은 산성과 만나면 쉽게 파괴됩니다. 그래서 브로콜리는 초장보다 고추냉이나 겨자처럼 매운맛을 내는 소스에 찍어 먹는 것이 좋습니다. 설포라판을 활성화하는 미로시나아제 효소는 고추냉이나 겨자, 무와 같은 채소에 풍부하기 때문입니다. 브로콜리를 쪄서 고추냉이나 겨자가 함유된 소스에 찍어 먹는다면 설포라판의 항산화 효과를 극대화할 수 있습니다. 설포라판은 체내에서 강력한 항염증제로 작용하여 각종 염증 완화와 통증 감소에도 도움을 줍니다.

NO!
이렇게 먹지 마세요

브로콜리는 작은 이파리 부분의 작은 꽃이 촘촘히 둘러싸여 있어 세척이 까다롭습니다. 또한 브로콜리 꽃봉오리 표면에는 스스로 만들어 내는 기름 성분이 왁스처럼 얇은 막으로 덮여 있어 세척이 더욱 힘듭니다. 그래서 대부분 브로콜리를 자른 후 흐르는 물에 씻은 후

조리해서 먹는데, 이렇게 씻으면 먼지나 농약 성분, 작은 벌레 등이 깨끗이 제거되지 않을 수 있습니다.

브로콜리를 깨끗이 씻으려면 일단 그릇에 물을 담아 꽃봉오리 부분이 물에 잠기도록 뒤집어 담습니다. 물에 뜨지 않도록 입구가 작은 그릇에 꽉 차게 담고 10~20분 동안 두면 브로콜리 꽃봉오리가 저절로 열리면서 안에 끼어 있던 흙과 벌레 등의 이물질이 떨어집니다. 꽃봉오리가 열린 후에는 2~3차례 깨끗한 물로 갈아 흔들어 줍니다.

마지막으로 소금이나 식초를 희석한 물에 다시 5분 동안 담가 두면 표면에 묻어 있던 농약까지 깨끗하게 제거할 수 있습니다.

표면에 있는 왁스 성분을 농약으로 오해해 완전히 제거하기 위해 꽃봉오리 부분에 베이킹소다를 뿌려 식초로 씻는 경우가 있는데, 오히려 강한 화학반응을 일으켜 영양소를 파괴할 수 있습니다.

블루베리

| 효능 | 치매 예방 / 노화 방지 / 염증 완화 | 제철 시기 | 여름 |

항산화 성분이 풍부한 블루베리는 세계적인 건강식품 중 하나입니다. 농촌진흥청이 실시한 조사에 따르면 지난 10년간 60대 이상 성인에게 가장 인기 있는 농식품으로 블루베리가 1위를 차지했습니다. 특히 냉동 블루베리의 경우 사계절 내내 먹을 수 있고 안토시아닌 농도도 높아 많은 사람이 즐겨 먹고 있습니다.

블루베리에 풍부한 각종 비타민과 미네랄 등의 필수 영양소는 뇌 활동과 중추 신경계 회복에 도움을 줍니다. 미국 신시내티대학교의 연구팀에 따르면 블루베리의 꾸준한 섭취가 치매를 예방하고 기억력 개선에 도움을 준다고 합니다.

YES! 이렇게 먹어요

블루베리에 풍부한 안토시아닌은 강력한 항산화 물질로 항염증 효과가 뛰어나며, 염증으로 손상된 세포를 보호하고, 체내 산화 스트레스를 감소시켜 염증 완화에도 큰 도움을 줍니다. 국제영양소저널에 따르면 관절염 환자들을 대상으로 4개월 동안 블루베리를 섭취한 결과, 관절염 환자 대부분의 보행 성능이 향상되었으며 관절 통증 또한 많이 감소하였다고 합니다. 이는 블루베리의 안토시아닌 등 강력한 항산화 성분들이 염증과 유해 산소로부터 연골과 관절을 보호하기 때문입니다. 이런 작용은 관절의 염증 완화를 통해 관절염 예방과 증상 개선에도 도움을 줍니다.

블루베리와 브로콜리를 함께 갈아 먹으면 그 효능을 더욱 높일 수 있습니다. 브로콜리에 풍부한 퀘르세틴과 설포라판은 연골을 훼손하는 피로물질을 차단하여 무릎 관절염 예방에 도움을 줍니다.

영국 이스트앵글리아대학교 연구에 따르면 브로콜리의 설포라판이 연골을 훼손하는 특정 물질을 억제하여 연골 보호는 물론 염증의 반응도 줄였다고 밝혔습니다. 이 성분들은 블루베리의 안토시아닌과 만나 항산화 효과를 더욱 높입니다.

관절염에 좋은 블루베리 브로콜리주스

재료(1잔 기준)
- 블루베리 50g
- 브로콜리 50g
- 물 120mL
- 꿀 1큰술

1. 브로콜리는 거꾸로 10분 정도 물에 담가 놓으면 봉우리가 열리면서 각종 이물질이 깨끗하게 제거됩니다. 그다음 브로콜리를 잘라 물 1L 기준 식초 1큰술을 넣고 10분 동안 담가 둡니다. 냉동 블루베리도 흐르는 물에 씻습니다.

   TIP_ 냉동 블루베리를 씻지 않는 사람들이 많은데, 잔류 농약이나 이물질 제거를

위해 꼭 씻기 바랍니다. 또한 오래 씻으면 과즙의 손실이 발생하니 흐르는 물에 30초 이내로 빠르게 헹굽니다.

2. 세척이 끝난 브로콜리를 찜기에 넣고 3분 동안 찝니다.
TIP_ 브로콜리를 데치면 설포라판을 활성화시키는 미로시나아제라는 효소가 파괴되므로 데치지 말고 찌는 것이 좋습니다. 찐 브로콜리는 소분하여 냉동 보관하고, 필요할 때마다 꺼내서 사용합니다.

3. 준비된 블루베리와 브로콜리를 믹서기에 넣고 물과 꿀도 같이 붓습니다. 1분 이상 충분히 갈아 맛 좋은 블루베리 브로콜리주스 완성입니다.

NO! 이렇게 먹지 마세요

주변에 보면 블루베리를 우유와 함께 갈아서 마시기도 합니다. 하지만 우유는 블루베리와 영양학적으로 궁합이 좋지 않습니다. 블루베리와 우유를 함께 갈아서 마실 때 블루베리의 영양소가 파괴되기 때문입니다. 국제의학바이오저널에 실린 연구에 따르면 블루베리의 폴리페놀과 우유 단백질의 친화성 때문에 블루베리의 안토시아닌과 결합하여 불용성 침전물을 형성하게 됩니다.

따라서 영양소가 체내에 흡수되지 않고 대변을 통해 쉽게 배출되어 건강상 이점을 볼 수 없습니다. 이를 방지하기 위해서는 최소 블루베리를 먹고 두 시간이 지난 후에 우유를 마시는 것이 좋습니다.

요거트의 경우 발효 과정에서 유산균이 생성되어 단백질을 쉽게 분해해 주기 때문에 오히려 항산화 성분 흡수율을 돕습니다. 그래서 블루베리를 갈아서 먹을 때는 우유보다는 요거트와 함께 먹는 것이 좋으며, 기호에 따라 물을 조금 추가해서 먹는 것도 추천합니다.

아무리 몸에 좋은 블루베리도 과다 섭취하면 몸에 부담이 될 수 있으니 하루 130g, 종이컵으로 1컵 정도만 섭취하세요.

비트

| 효능 | 항암 효과 / 혈액 정화 / 혈압 관리 | 제철 시기 | 봄 |

비트는 파프리카, 브로콜리, 셀러리와 함께 서양의 4대 채소라 불릴 만큼 맛과 영양이 뛰어납니다. 비트에는 강력한 항산화 효과의 베타인이 풍부해 세포 손상을 막아 주고, 아질산염의 발암물질 생성을 억제하여 항암 효과가 있습니다. 비트에는 토마토보다 8배나 많은 베타인이 있습니다. 미국심장학회지 발표에 의하면 하루 1잔의 비트주스는 혈압약을 먹는 것과 같은 수준의 효과를 볼 수 있다고 합니다. 또한 혈중 콜레스테롤 수치를 낮춰 주며, 중성지방을 억제하는 효과가 있어 고혈압이나 고지혈증 등 혈관 질환에 도움을 줍니다. 칼슘, 비타민 B, 철분, 산화 방지제는 간 건강에 좋으며, 담즙을 간과 소장에 잘 흐를 수 있게 하고, 간의 독소를 제거하는데 좋습니다.

YES! 이렇게 먹어요

당근과 함께 먹어요

비트에 풍부한 베타시아닌과 질산염은 혈액 생성과 혈관 확장에 도움을 줍니다. 붉은색의 베타시아닌은 혈액 속 적혈구와 백혈구, 혈소판 등의 생성을 도와 혈액을 깨끗하고 건강하게 만듭니다. 풍부한 질산염은 좁아진 혈관을 확장하는 산화 질소의 생성을 돕습니다. 이런 작용들은 혈액 순환을 원활하게 하고 혈관과 혈액의 노폐물 배출을 도와 혈액을 정화합니다.

건강하고 깨끗한 혈액을 위해서 비트를 먹을 때는 당근과 함께 갈아서 먹으면 좋습니다. 당근에 풍부한 칼륨과 인은 혈액과 신경 건강을 개선하는 효과가 있으며, 각종 미네랄과 산화 방지제는 혈액 순환을 활성화하는데 도움을 줍니다. 비트와 당근을 함께 먹으면 맛도 좋고 혈액 정화 효과를 더욱 높일 수 있습니다.

중간 크기의 비트 1개, 당근 1개를 물 300mL와 함께 갈아 마십니다.
+ 기호에 따라 사과나 바나나 등 다른 과일을 추가해도 좋습니다.

우유와 함께 먹어요

비트에는 다양한 영양분이 포함되어 있습니다. 비타민과 칼륨, 마그네슘, 철, 아연, 구리 등의 미네랄 외에도 식이섬유, 베타인이 들어 있습니다. 우유에도 칼슘과 칼륨, 단백질, 비타민 D 등 우리 몸에 필요한 영양 성분이 고루 포함되어 있습니다. 따라서 비트와 우유를 함께 먹으면 서로 부족한 영양을 보충할 수 있습니다.

또한 피부 미용에도 좋습니다. 비타민 B군이 피부 점막을 튼튼하게 하고 비타민 C가 콜라겐 생성을 도와 피부를 탄력 있게 만듭니다. 비트에는 붉은색을 내는 폴리페놀이라는 항산화 물질이 있으며, 이 물질이 노화의 원인이 되는 활성산소로부터 우리 몸을 지켜 줍니다. 그래서 피부 처짐이나 주름, 기미 등을 예방할 수 있습니다.

NO!
이렇게 먹지 마세요

비트를 많이 먹으면 소화를 못 시키거나 설사를 동반한 소화 장애가 올 수 있습니다. 따라서 위장이 약한 사람은 비트를 생으로 먹지 않는 것이 좋습니다. 메스꺼움이나 현기증, 구토 등의 증상이 나타날 수 있으니 익혀서 먹는 것을 추천합니다. 또한 비트는 칼륨이 풍부해서 신장 결석이 있으면 섭취에 주의하세요.

비트는 들었을 때 무게가 무겁고 단단하며 표면에 상처가 없고 미끈한 것이 좋으며, 크기는 중간 정도가 부드럽고 맛있습니다.

사과

| 효능 | 항암 효과 / 활성산소 제거 / 대장 종양 증식 억제 | 제철 시기 | 가을 |

아삭하고 새콤달콤한 사과는 맛과 영양이 모두 풍부한 과일로 우리나라 사람들이 가장 많이 먹는 과일 중 하나입니다. 사과에 풍부한 각종 비타민과 무기질, 천연 화학 성분, 식이섬유는 건강과 미용에 많은 도움을 줍니다. 항산화 물질과 식이섬유 등은 항암 물질 생성과 암세포 억제에 큰 도움을 줍니다. 미국 코넬대학교 연구팀에 따르면 사과에 풍부한 안토시아닌과 퀘르세틴, 카테킨 등이 세포 산화와 암세포 성장을 억제한다고 밝혔습니다. 또한 식이섬유의 일종인 펙틴은 대장에서 항암 물질의 생산을 도와 항산화 작용과 종양 증식 억제에 매우 효과적입니다.

YES! 이렇게 먹어요

사과는 그냥 먹어도 좋지만, 사과와 고춧가루, 쪽파가 들어간 사과 김치로 만들어 먹을 때 특히 항암 효과가 우수합니다. 고춧가루의 매운맛을 내는 캡사이신은 암세포 사멸에 직접적인 영향을 줍니다. 영국 노팅엄대학교 의대의 연구에 따르면 폐암세포와 췌장암세포를 대상으로 실험한 결과 캡사이신이 미토콘드리아의 단백질과 결합하여 암세포를 죽게 만든다는 사실을 발견하였습니다.

또한 사과 김치에 들어가는 쪽파는 플라보노이드가 풍부해 발암의 원인이 되는 활성산소 제거에 뛰어납니다.

항암 효과가 우수한 사과 김치

재료(2인분 기준)
- 사과 2개
- 쪽파 6줄기
- 고춧가루 2큰술

양념장
- 멸치액젓 2큰술
- 다진 마늘 1큰술
- 매실액 2큰술
- 깨 2큰술

1. 사과를 껍질째 깨끗하게 씻고 먹기 좋게 깍둑썰기로 자릅니다.
   TIP_ 사과 껍질에는 카테킨과 플라보노이드, 폴리페놀 등 다양한 영양소가 더욱 풍부하니 씨와 꼭지만 제거하고 모두 넣는 것이 좋아요.

2. 쪽파는 흐르는 물에 씻은 후 먹기 좋은 크기로 총총 썰어서 준비합니다.

3. 자른 사과에 고춧가루 2큰술을 뿌려 양념장을 넣은 후 골고루 섞고, 사과에 양념이 잘 뱄다면 마지막으로 쪽파를 넣어 살살 버무리면 사과 김치 완성입니다.
   TIP_ 사과 김치는 오래 두고 먹으면 상큼한 맛이 떨어질 수 있으니 2~3일 먹을 만큼만 조금씩 만드는 것이 좋아요.

NO!
이렇게 먹지 마세요

껍질을 깎은 사과는 공기 중에 노출되면 표면이 갈색으로 변하는 갈변 현상이 나타납니다. 대부분의 사람은 갈색으로 변한 사과를 아무렇지 않게 먹지만, 이제부터는 갈변 부위는 도려내고 먹는 것이 좋습니다.

갈변 현상은 사과에 있는 폴리페놀 화합물이 산소와 만나 산화 효소에 의해 갈색 색소를 만들어 내는 것입니다. 갈변 현상 자체가 산화 반응으로 이 부분을 먹으면 체내에 활성산소가 생성됩니다.

활성산소는 세포의 재생을 방해하고, 우리 몸의 세포와 DNA를 공격하여 면역력 저하와 피로는 물론 치매까지 유발할 수 있습니다. 따라서 갈색으로 변한 사과는 갈색 부분을 충분히 제거한 후 먹어야 활성산소로부터 건강을 지킬 수 있어요.

상추

| **효능** | 불면증 완화 / 변비 개선 / 독소 제거 | **제철 시기** | 봄 |

대표적인 쌈 채소인 상추는 저렴한 가격과 아삭한 식감으로 많은 사람이 즐기는 식재료입니다. 상추에 풍부한 각종 비타민과 무기질은 우리 몸의 신진대사를 돕고 긴장을 완화시켜 피로 회복에도 도움을 줍니다.

상추의 효능 가운데 가장 대표적으로 알려진 것이 바로 불면증 완화입니다. 상추 줄기에는 락투칼리움이 풍부하여 신경 안정과 불면증 완화에 효과적입니다. 이 성분은 뇌에서 수면 호르몬이라 불리는 멜라토닌의 분비를 돕고 진정, 진해 효과가 뛰어나 숙면에 많은 도움을 줍니다. 상추의 꾸준한 섭취는 스트레스 완화와 심신 안정에도 뛰어난 효과가 있으니 저녁 밥상에 상추를 추천합니다.

**YES!
이렇게 먹어요**

우리 몸에 독소가 쌓이면 피로가 유발되고, 각종 염증이 발생하면서 면역력에 문제가 생깁니다. 상추에 풍부한 비타민 A와 B, 히로신 등의 필수아미노산은 몸속 독소 배출에 큰 도움을 줍니다. 이런 성분들은 독소를 몸 밖으로 배출시키는 것은 물론 해독 작용도 뛰어납니다. 《동의보감》에 따르면 상추는 오장을 편안하게 하여 막힌 기를 통하게 하고 해독 작용이 우수하다고 기록되어 있습니다.

상추는 쌈으로 먹으면 충분한 양을 섭취하기가 힘들고, 금방 시들어버리는 경우도 많습니다. 이때는 상추나물로 먹으면 좋습니다. 상추나물은 영양소의 파괴를 최소화하면서 먹기도 편해 건강에 많은 도움을 줍니다. 그리고 상추나물에 오이를 넣으면 상추와 궁합이 좋아 건강상 이점을 더욱 높일 수 있습니다.

오이는 수분 함량이 높고, 열량이 낮아 배설 기관이 완벽하게 기능하도록 돕는 정화 채소입니다. 또한 오이는 몸을 알칼리화하는데 도움을 주어 독소 제거 능력을 촉진하는 효과도 있습니다. 상추와 오이를 같이 나물로 먹는다면 상추가 독소를 배출할 수 있는 가장 좋은 환경을 오이가 만들어 주는 것입니다.

내 몸을 깨끗하게 만들어 주는 오이 상추나물

재료(2인분 기준)
○ 상추 1줌(200g)
○ 오이 1개
○ 깨 약간

양념장
○ 고춧가루 2큰술
○ 간장 2큰술
○ 식초 2큰술
○ 다진 마늘 1큰술
○ 들기름 1큰술

1. 상추는 물에 5분 동안 담갔다가 흐르는 물에 깨끗하게 씻어 이물질을 제거합니다.
   TIP_ 농촌진흥청의 자료에 따르면 상추는 깨끗한 물에 5분 동안 담갔다가 흐르는 물에 30초 동안 씻는 것이 가장 깨끗한 세척 방법이라 합니다. 세제나 식초로 씻는 것보다 잔류 농약 제거율이 더욱 높다고 합니다.

2. 끓는 물에 상추를 넣었다 바로 뺀다는 느낌으로 살짝 데친 후 찬물로 헹구고 물기를 짜 줍니다. 물기를 짠 상추는 먹기 좋은 크기로 자른 후 볼에 담습니다.
   TIP_ 상추는 물기를 짜도 수분이 워낙 많은 채소라 충분히 짜 주는 것이 좋습니다.

3. 껍질째 잘 씻은 오이도 먹기 좋은 크기로 얇게 잘라 같이 넣고, 준비한 양념장을 넣어 조물조물 무칩니다.
   TIP_ 무칠 때 소금으로 간을 살짝 한다면 더욱 맛있게 먹을 수 있습니다.

4. 완성한 상추나물에 깨를 솔솔 뿌려서 먹으면 칼슘 함량과 고소함 모두 높일 수 있습니다.

NO!
이렇게 먹지 마세요

많은 사람이 상추를 먹을 때 끝부분을 제거하고 먹는 경우가 많습니다. 그 이유는 지저분하다고 느끼거나 쓴맛이 나고, 농약이 많을 것 같아서입니다. 하지만 상추의 끝부분은 먹어도 전혀 문제가 되지 않으며, 오히려 영양소가 더 풍부합니다. 상추의 끝부분이 갈색으로 변하는 것은 상추의 폴리페놀이 공기와 만나며 생기는 갈변 반응으로 위생상 전혀 문제가 없습니다.

또 농약이 상춧잎 위에서 아래로 흘러 끝부분에 모일 거로 생각하는 경우가 많습니다. 경기도보건환경연구원의 자료에 따르면 실제 상추 잔류 농약 분포는 상추의 윗부분보다 끝부분이 더 적은 것으로 나타났습니다. 또한 상추 끝부분에는 락투카리움이라는 성분이 잎에 비해 풍부하게 함유되어 있습니다. 이 성분은 통증 완화와 신경 안정에 효과적이니 상추 끝부분을 절대 버리지 마세요.

새송이버섯

| 효능 | 혈관 건강 / 항암 효과 / 항산화 작용 / 당뇨병 개선 | 제철 시기 | 가을 |

버섯은 채소와 과일의 무기질과 육류 못지않은 단백질로 오래전부터 많은 사람들이 즐겨 먹는 식재료입니다. 특히 새송이버섯은 맛과 식감은 물론 각종 비타민과 무기질이 풍부하여 건강에 좋은 영향을 줍니다. 새송이버섯에 풍부한 베타글루칸은 대표적인 항암 성분으로, 자연살해(NK)세포와 T세포 등 면역기능과 관련된 세포의 수와 활성을 높여 줍니다. 국제영양학저널에 실린 연구에 따르면 버섯의 베타글루칸은 대식세포와 각종 인체 면역세포를 활성화시켜 항암 효과가 우수하다고 발표하였습니다. 농촌진흥청 자료에 따르면 새송이버섯은 비타민 C 함량이 100g 당 21.4mg으로, 느타리버섯의 7배, 팽이버섯의 10배에 해당되는 양이라고 합니다. 새송이버섯의 풍부한 비타민 C는 뛰어난 항산화 작용으로 질병과 노화를 촉진하는 활성산소를 제거합니다.

YES!
이렇게 먹어요

새송이버섯에 함유된 폴리페놀과 칼륨, 베타글루칸 등은 혈관 건강에 큰 도움이 됩니다. 특히 각종 폴리페놀은 혈전 제거와 혈중 중성지방 감소에 효과적입니다. 노르웨이 오슬로대학교의 기초의학연구소에 따르면 폴리페놀이 혈소판 응집을 억제하여 심혈관 질환 발병 위험을 낮춘다고 밝혔습니다. 혈관 건강에 좋은 새송이버섯의 폴리페놀을 더욱 쉽고 효과적으로 섭취하는 방법은 전자레인지에 돌려서 먹는 것입니다.

버섯을 전자레인지에 넣어 요리해 먹는다고 하면 생소하게 느껴질 수 있습니다. 하지만 이 방법은 버섯 속 영양분 보존과 폴리페놀 증가에 가장 좋은 방법입니다.

스페인 라리오하 버섯기술연구센터에서는 조리 방법에 따른 영양 평가실험을 했는데, 끓이기, 굽기, 튀기기, 전자레인지에 돌리기 등 여러 가지 방법으로 버섯을 조리한 결과, 전자레인지로 조리할 때 폴리페놀과 항산화 물질의 함량이 크게 증가하였다고 밝혔습니다. 또한 전자레인지 조리는 열에 약하면서도 수용성인 비타민 C의 손실을 줄일 수 있으며, 다른 성분들의 영양 손실도 최소화한다고 발표하였습니다.

조리 방법은 먼저 손질한 버섯을 그릇에 넣고 전용 뚜껑이나 랩을 씌우고, 전자레인지에 넣고 2~3분 동안 돌려 주면 됩니다. 잘 익은 버섯은 식힌 후 수분을 제거하고 들기름과 소금 간만 해서 먹으면 아주 맛있게 즐길 수 있습니다.

NO!
이렇게 먹지 마세요

특별히 밝혀진 부작용은 없지만 아무리 좋은 음식도 과하게 먹으면 부작용이 나타날 수 있습니다. 새송이버섯도 과다 섭취하면 설사나 복통 증상이 나타날 수 있으니 주의가 필요합니다. 또한 모든 버섯류는 생으로 먹기보다 데쳐 먹거나 구워 먹는 것이 더 안전합니다.

새송이버섯은 마르지 않고 육질이 부드러우며 단단하고 탄력이 있는 것을 선택하는 것이 좋습니다. 갓의 모양이 두툼하고 갓 주름이 촘촘한 형태이며, 갓에는 흰색 가루의 포자가 묻지 않고 버섯에 갈색 점이나 미끈거리는 것이 없어야 합니다.

새송이버섯은 습기를 제거하고 깨끗한 헝겊이나 신문지, 키친타월 등에 싸서 냉장고에서 1주일 정도 보관이 가능합니다.

생강

| 효능 | 혈당 조절 / 항암 작용 / 소화 촉진 | 제철 시기 | 겨울 |

향긋하고 매콤한 생강은 신진대사를 도와 겨울철 몸이 찬 사람에게 아주 좋습니다. 생강의 매운맛을 내는 진저롤은 동맥을 확장시켜 원활한 혈액 순환을 도와줍니다. 《동의보감》에도 생강은 성질이 따뜻하여 담을 삭이고, 기를 내리며, 오장육부를 잘 통하게 한다고 기록되어 있습니다.

생강의 진저롤은 혈당 수치를 낮추는데 직접적인 도움을 줍니다. 테헤란의과대학교의 연구에 따르면 하루 2g의 생강 분말을 꾸준히 섭취한 제2형 당뇨병 환자는 혈당 수치가 12% 감소하였다고 밝혔습니다. 이는 진저롤이 인슐린 생산을 자극하고 근육 내 포도당 흡수를 촉진하기 때문입니다.

또한 생강의 진저롤과 쇼가올은 체내 이상 발효를 억제하고 암세포 억제에도 도움을 줍니다. 또한 강력한 살균과 항균 작용으로 대장암이나 전립선암 등 각종 암 억제에도 효과적입니다.

YES!
이렇게 먹어요

자칫 건강에 치명적인 영향을 줄 수 있는 생강은 잘 고르는 것이 중요합니다. 생강을 만졌을 때 단단하고 크며, 황토색을 띠는 것이 가장 좋습니다. 그리고 생강의 발이 굵고 넓으며, 한 덩어리에 여러 조각이 붙어 있는 것이 좋습니다. 수입산의 경우 흙이 묻어 있지 않은 것이 대부분이니, 흙이 묻어 있는 상태의 매운 향이 강한 국내산 생강을 고르는 것이 좋습니다.

생강은 염증 제거에도 탁월한 효능이 있습니다. 미국 사우스캐롤라이나대학교의 연구에 따르면 생강의 염증 제거 효과가 마늘이나 양파보다 높은 것으로 나타났습니다. 보통 생강은 찌거나 말려서 또는 청을 담가서 먹는데 압력밥솥에 끓여서 차로 마시면 염증 제거에 매우 효과적입니다.

충남농업기술원의 연구에 따르면 생강을 110도 이상의 고온에서 고압으로 처리하면 기존의 생강청보다 쇼가올 함량은 500%, 폴리페놀 함량은 200%나 증가한다고 합니다. 고온, 고압으로 처리하기 위해서는 전용 장비가 필요하지만, 압력밥솥의 내부 온도는 115~170도까지 올라가니 집에서도 충분히 가능합니다.

염증 제거에 탁월한 생강차

재료(3L 기준)
○ 생강 50g
○ 물 3L

1. 생강은 흐르는 물에 깨끗하게 씻은 후 15분 동안 불리면 껍질을 쉽게 벗길 수 있습니다. 이렇게 손질한 생강은 얇게 편을 썰어 준비합니다.
   TIP_ 생강은 얇게 썰어야 유효 성분들이 잘 용출됩니다.

2. 압력밥솥에 물 3L를 붓고 손질한 생강도 같이 넣습니다.
   TIP_ 기호에 따라 대추나 계피, 대파를 같이 넣어도 좋습니다. 특히 대파는 통증 완

화에 좋은데, 대파에 풍부한 알리신과 황화알릴, 플라보노이드는 생강과 만나면 염증과 통증 완화에 도움을 줍니다.

3. 뚜껑을 닫고 중불에서 가열하다가 추가 흔들리고 소리가 나면 약불로 줄입니다. 약불로 줄인 후 약 20분 동안 더 끓이다가 불을 끄고 증기가 다 빠지고 나면 뚜껑을 엽니다.

4. 생강을 비롯한 내용물은 체에 밭쳐 주걱으로 꾹꾹 눌러 마지막 한 방울까지 짜 주면 진한 생강차 완성입니다. 기호에 따라 물이나 꿀을 추가해도 좋습니다.

NO! 이렇게 먹지 마세요

생강을 구입해서 손질하다 보면 살짝 썩거나 곰팡이가 핀 것을 볼 수 있습니다. 어떤 사람은 상한 부분만 도려내고 그대로 사용하기도 하는데, 이런 생강은 절대로 먹으면 안 됩니다. 썩거나 곰팡이가 핀 생강에는 사프롤과 아플라톡신이라는 아주 위험한 독성 물질이 함유되어 있습니다.

생강이 썩으면 마약류로 분류되는 사프롤이 생성되는데, 식약청에서도 마약류의 원료 물질로 지정할 만큼 아주 위험한 독성 성분이며, 국제암연구소 또한 발암물질 2B군으로 분류하였습니다.

또한 썩은 생강에 잘 생기는 곰팡이에는 아플라톡신이라는 1군 독성 물질이 함유되어 있습니다. 아플라톡신은 발암물질 중 하나로 간 세포를 파괴해 간암을 유발합니다. 이 성분은 높은 열에도 강하기 때문에 일반적인 방법으로는 제거할 수 없습니다.

썩거나 곰팡이 핀 부분만 제거한다고 해도 곰팡이 독소는 생강의 섬유 조직을 타고 골고루 퍼지기 때문에 위험합니다. 그래서 새로 샀거나 보관하던 생강이 썩고 곰팡이가 피었다면 절대 먹지 말고 통째로 버리세요.

세발나물

효능	당뇨병 개선 / 혈관 질환 예방 / 뼈 건강 / 변비 개선 / 항산화 작용	제철 시기	봄

세발나물은 염전이나 해안가 간척지 논 주위에서 자라는 갯나물로, 잎이 가늘고 뾰족한 것이 특징입니다. 세발나물에 풍부한 글루카곤 유사 펩티드-1(GLP-1)은 당뇨병 개선에 큰 도움을 주며 음식을 섭취했을 때 분비되는 호르몬으로 혈당 수치 조절에 직접적으로 관여합니다. 미국 펜실베니아대학교의 연구에 따르면 인슐린 자극에 대한 세포의 반응을 향상시켜 당뇨병 개선에 도움을 준다고 합니다. 또한 덴마크 연구팀도 글루카곤 유사 펩티드-1이 당뇨병 환자의 혈당치를 낮췄으며, 췌장에서 인슐린을 분비하는 베타세포의 기능을 향상했다고 발표하였습니다. 각종 미네랄과 베타카로틴, 식이섬유 등은 혈관 질환 예방에 효과적이며, 혈관 속 나트륨을 체외로 배출시켜 콜레스테롤 수치를 낮춰 주고 혈행의 흐름을 개선하여 고혈압이나 동맥경화 등 각종 혈관 질환 예방에 도움을 줍니다.

YES!
이렇게 먹어요

세발나물에 풍부한 베타카로틴은 몸속에서 항산화 작용을 하여 활성산소를 제거하고 암세포의 발생과 전이를 억제해 암을 예방합니다. 또한 베타카로틴은 체내의 망막 시각회로에서 명암을 구분하는 데 필요한 성분으로 눈의 피로 회복과 야맹증 예방에도 좋습니다. 베타카로틴은 지용성으로 지방과 같이 먹을 때 체내 흡수율을 크게 높일 수 있습니다.

그래서 세발나물을 먹을 때 들기름을 첨가하거나 기름에 볶아서 먹는 것이 좋습니다. 들기름은 모든 식물성 기름 중 오메가3 지방산의 함유량이 가장 높아 세발나물의 베타카로틴 체내 흡수율을 높여 주어 궁합이 아주 좋습니다.

NO!
이렇게 먹지 마세요

세발나물은 특별한 부작용은 없지만, 염분을 먹고 자란 나물이기 때문에 과다 섭취 시 염분 과다가 될 수 있습니다. 또한 칼륨 함량이 높아서 신장 질환자는 주의가 필요합니다.

잎과 뿌리가 잘 붙어 있고 연녹색을 보이며 시들지 않고 탄력 있는 것이 좋습니다. 또한 가늘고 끝이 뾰족해 전체적으로 곧은 것이 신선한 세발나물입니다.

세발나물은 신문지 등에 싸서 비닐 팩에 보관하거나 뿌리째 깨끗하게 씻어 살짝 데쳐서 찬물에 헹궈 소분한 후 비닐 팩에 밀봉하여 냉동 보관합니다.

소고기

| 효능 | 다이어트 / 면역력 향상 / 빈혈 예방 | 제철 시기 | 상시 |

소고기는 부드러운 식감과 담백한 맛으로 남녀노소 누구나 좋아합니다. 소고기에는 단백질뿐만 아니라 불포화지방산과 각종 영양소가 풍부하여 근골격이나 근력을 형성하고 체중 관리를 할 때 도움을 줍니다. 소고기에 포함된 필수아미노산 중 라이신과 메티오닌으로부터 합성되는 카르니틴은 체내의 지방산을 근육 세포로 이동시켜 지방을 연소해 에너지로 바꿔 줍니다. 소고기에는 포화지방산과 불포화지방산이 함께 포함되어 있는데 그중에서 가장 많이 포함된 성분은 단일 불포화지방산인 올레산입니다. 올레산은 우리 몸에 이로운 작용을 하는 좋은 콜레스테롤(HDL)은 줄이지 않고, 우리 몸에 해로운 콜레스테롤(LDL)만을 줄여 주며 혈압을 낮추는 역할을 해 동맥경화를 예방하는데 좋습니다.

YES!
이렇게 먹어요

생강과 함께 먹어요

생강은 소고기의 지방으로 생성되는 혈전을 녹이는 작용을 하여 소고기와 같이 먹으면 가장 좋습니다. 소고기의 지방은 체온인 36.5도에서 분해되지 않고 혈액으로 들어가 혈전을 생성하게 됩니다. 덴마크 오덴스대학교의 연구에 따르면 생강의 진저롤은 담즙의 분비를 촉진해 혈액 속의 콜레스테롤을 낮추고, 혈소판 응집을 억제하여 혈전의 생성을 막는다고 합니다. 이런 작용은 생강이 뇌경색과 고혈압 등 각종 혈관 질환을 예방하고 개선할 수 있는 이유이기도 합니다. 소고기의 섭취로 콜레스테롤과 혈전이 걱정된다면 소고기를 먹고 나서 따뜻한 생강차를 마시면 좋습니다.

배와 함께 먹어요

배는 소고기와 잘 맞는 과일 중 하나로 소불고기 양념에 꼭 들어가는 과일입니다. 배에는 전분과 단백질 분해 효소가 있어 고단백 식품인 소고기의 육질을 부드럽게 만들고 소화도 원활하게 돕습니다. 또한 배에 풍부한 펙틴은 혈중 콜레스테롤 수치를 낮추는 역할을 하여 고기 섭취의 부담을 줄일 수 있습니다. 고기 양념에 배를 추가하거나 고기를 먹고 후식으로 배를 먹는다면 소화에 도움이 됩니다.

NO!
이렇게 먹지 마세요

고구마와 함께 먹지 마세요

소고기와 고구마는 각각 소화에 필요한 위산의 농도가 다릅니다. 위산의 농도가 다르면 서로 영양소의 흡수를 방해하여 원활한 소화가 힘들어집니다. 고구마는 체내에서 1시간 정도 지나면 모두 소화되지만, 소고기는 소화되기까지 4시간 이상이 걸립니다.
소고기를 먹고 고구마를 먹으면 위에서 소화된 고구마가 소장으로 내려가지 못하고 소고기와 함께 계속 위에 머무는데, 이때 고구마는

위 속에서 반응하여 가스가 발생하거나 소화불량이나 복통, 위장 기능 약화를 초래할 수 있습니다. 그래서 소고기를 먹고 후식을 먹지 않는 것이 좋으며, 특히 고구마나 밤처럼 소화 성질이 다른 음식은 더욱 주의가 필요합니다.

부추와 함께 먹지 마세요

소고기를 먹을 때 부추무침이나 부추쌈과 같이 먹는 경우가 있습니다. 부추는 채소이기 때문에 고기와 같이 먹으면 좋다고 생각하지만, 한의학적으로 봤을 때 소고기와 부추는 모두 따뜻한 성질의 음식이라 몸에 부담을 줄 수 있습니다. 평소 몸에 열이 많은 사람이 두 음식을 같이 먹을 경우 발열이나 두통, 소화불량, 설사 등의 증상이 나타날 수 있습니다. 그리고 위 점막을 자극하여 위통이나 위염 등 위장 장애가 생길 수 있어 주의가 필요합니다.

수박

| 효능 | 항암 효과 / 뇌졸중 예방 / 근육통 완화 / 노화 예방 | 제철 시기 | 여름 |

달콤한 맛과 향기, 아삭한 식감의 수박은 여름철 대표 과일입니다. 수박에 풍부한 라이코펜은 뇌졸중과 항암 효과에도 도움을 주며, 암세포의 성장을 촉진하는 주요 조절 인자를 강력하게 억제하는 효과가 있습니다. 미국 농무부에 따르면 같은 용량의 수박에는 토마토보다 1.5배나 많은 라이코펜이 함유한다고 합니다. 또한 국제학술지 <농업과 식품화학>에 따르면 수박이 근육통을 완화할 수 있다고 합니다. 수박에 풍부하게 함유된 칼륨은 근육을 이완시키고, 시트룰린은 혈관을 이완시키기 때문입니다. 격렬한 운동 외에도 장시간 같은 자세로 일할 때 생기는 통증 완화에도 도움이 됩니다. 비타민 A와 C는 콜라겐 재생을 촉진하여 피부 노화를 방지합니다.

YES! 이렇게 먹어요

수박에 풍부하게 들어 있는 라이코펜은 자연이 선사하는 최고의 항암 물질로 유명합니다. 미국 하버드대학교 연구팀에 따르면 라이코펜은 혈전 형성을 막아 뇌졸중과 심근경색 등을 예방하는데 효과가 있다고 합니다. 또 다른 연구에서는 라이코펜의 혈중 함유량이 높은 사람이 그렇지 않은 사람보다 뇌졸중 발병률이 55%나 낮게 나타나는 것을 확인하였습니다. 라이코펜은 보통 식품의 세포벽 안쪽에 붙어 있어서 익혀 먹어야 흡수율을 높일 수 있지만, 수박은 익혀 먹을 수 없어서 제대로 흡수하기 위해서는 요거트와 함께 먹습니다.
설탕이나 첨가물이 들어가지 않은 플레인 요거트에는 약 4~5g의 지방이 함유되어 있습니다. 라이코펜은 지용성이기 때문에 약간의 지방과 함께 먹으면 체내 흡수율을 올릴 수 있습니다. 수박을 먹을 때 요거트를 한 숟가락씩 같이 먹거나 수박주스를 만들 때 요거트를 첨가해서 먹는다면, 라이코펜의 흡수율을 더욱 끌어올려 뇌졸중을 막는데 큰 도움이 될 것입니다.

NO! 이렇게 먹지 마세요

우리가 그냥 버리거나 삼켰던 수박씨에는 몸에 좋은 영양소가 아주 풍부합니다. 수박씨의 리놀렌산과 시트룰린, 단백질 등은 건강에 많은 도움을 줍니다. 미국의학협회지에 따르면 리놀렌산은 불포화지방산의 일종으로 체지방 축적을 막고 혈중 콜레스테롤 수치를 낮추는 효과가 있다고 합니다.
《동의보감》에도 수박씨는 방광과 신장의 염증을 예방하고 개선한다고 기록되어 있습니다. 수박 1통의 영양분이 작은 수박씨에 고스란히 담겨 있다고 해도 무방할 정도입니다.
수박씨를 그냥 삼키면 딱딱한 껍질로 인해 소화가 잘되지 않고 대변을 통해 대부분 배출됩니다. 그래서 수박씨의 영양소를 섭취하기 위해서는 수박씨를 꼭꼭 씹어서 먹거나 따로 볶아서 먹는 것이 좋습니다. 수박을 먹을 때 수박씨를 꼭꼭 씹으면 단단한 외부 껍질이 파괴되면서 수박씨 속의 영양분의 흡수율이 높아집니다.

수박씨를 먹지 않고 뱉는다면 따로 모아서 활용하세요. 먼저 모아 놓은 수박씨를 물로 깨끗하게 씻어서 물기를 말립니다. 기름을 두르지 않고 달군 팬에 수박씨를 노릇하게 볶고, 잘 볶아진 수박씨는 견과류처럼 꼭꼭 씹어서 먹거나 차로 끓여서 마십니다.

수박은 차가운 성질이고 칼륨이 풍부하므로 몸이 냉하거나 신장 질환이 있다면 주의하세요. 수박의 하루 적정 섭취량은 2~3조각 (100~150g) 정도입니다.

숙주

| 효능 | 노화 방지 / 빈혈 개선 / 숙취 해소 / 독소 제거 | 제철 시기 | 가을 |

숙주는 콩나물과 비슷한 모양과 아삭한 식감이 특징이며 주로 나물로 먹습니다. 녹두보다 비타민 A는 6배, 비타민 B는 30배, 비타민 C는 40배나 풍부합니다. 숙주에 풍부한 비텍신과 플라보노이드 등은 뛰어난 항산화 작용으로 노화를 촉진하는 활성산소를 없애 주고 세포의 산화를 억제시킵니다. 숙주에는 철분과 카로틴, 칼슘 등이 풍부해 빈혈 완화와 예방에 좋습니다. 철분과 카로틴은 혈액 속에 혈구가 만들어지는 조혈 작용을 강화하여 적혈구 생성을 돕습니다. 적혈구나 헤모글로빈이 부족해서 나타나는 빈혈을 근본적으로 예방하며, 뼈 건강에도 좋은 영향을 줍니다. 숙주에 풍부한 아스파라긴산과 비타민 B6는 음주로 인해 숙취를 유발하는 아세트알데히드를 분해하여 간 회복과 숙취 해소에 도움을 줍니다.

YES!
이렇게 먹어요

최근 미세먼지와 서구화된 식습관으로 몸속에는 수많은 독소와 불순물들이 쌓이고 있습니다. 이런 독소들은 면역력 약화뿐만 아니라 혈관과 뇌, 피부 등 모든 신체 기관에 악영향을 미칩니다. 숙주에 풍부한 비타민 B6는 몸속에 있는 각종 독소와 소화되지 않는 음식으로 인한 노폐물 등을 배출하는데 큰 도움을 줍니다.

또한 단백질 대사에 관여하여 면역 기능 강화와 간 기능 회복에도 탁월합니다. 미국 국립과학원의 연구에 따르면 비타민 B6는 인해 체내에 축적된 독소와 오염물질로부터 신체를 보호하는데 도움이 된다고 밝혔으며, 《본초강목》의 요약본 《본초비요》에도 숙주는 열을 없애고 독을 풀어 준다고 기록되어 있을 정도로 예로부터 독소 제거에 탁월한 효능이 있습니다.

몸속 독소 제거에 좋은 숙주를 더 건강하게 먹으려면 대파, 마늘, 고춧가루와 함께 생으로 버무려 먹는 숙주 김치를 담가 먹습니다.

숙주에 풍부한 비타민 A, 비타민 B, 비타민 C는 모두 열에 약한 성분으로 가열하지 않는 것이 가장 좋으며, 숙주를 생으로 버무려 먹는다면 이런 영양소들을 빠짐없이 섭취할 수 있습니다. 그리고 숙주 김치에 들어가는 대파와 마늘, 고춧가루 등의 양념은 따뜻한 성질로 차가운 성질의 숙주를 보완해 줍니다. 깨끗하게 씻은 숙주를 대파, 마늘, 고춧가루와 함께 잘 버무려 주기만 하면 됩니다.

+ 기호에 따라 무, 생강, 액젓을 추가해도 좋습니다.

NO!
이렇게 먹지 마세요

숙주는 차가운 성질을 지니고 있기에 몸이 차갑다면 복통이나 설사 등의 증상을 일으킬 수 있습니다. 숙주의 하루 적정 섭취량은 150g 이하입니다.

좋은 숙주는 뿌리가 단단하고 잔뿌리가 없으며, 손으로 눌렀을 때 물기가 배어 나올 정도로 수분감이 있는 것이 좋습니다.

노란 꽃잎이 많이 피었거나 지나치게 통통한 것은 숙주 특유의 비린 내가 나기 때문에 좋지 않습니다. 마찬가지로 푸른 싹이 난 것 또한

 생육 기간 동안 햇빛을 많이 받았거나 웃자란 것으로 좋지 않습니다. 숙주는 쉽게 변질되기 때문에 한 번에 쓸 만큼만 구입하는 것이 좋고, 먹고 남은 숙주는 물에 담가 냉장 보관하면 싱싱한 상태로 좀 더 오래 유지됩니다. 보관은 3일 정도 가능하지만, 잘 무르는 특성 때문에 되도록 빨리 먹는 것이 좋습니다.

+ 숙주의 수분 함유량은 95% 이상입니다.

시금치

효능	치매 예방 / 혈관 건강 / 뼈 건강 / 간 건강	제철 시기	겨울

시금치는 비교적 저렴한 가격과 풍부한 영양소로 '채소의 왕'이라 불리는 식재료입니다. 재배 지역에 따라 포항초, 섬초 등 여러 종류로 나뉩니다. 비타민과 철분 등 각종 영양소가 풍부해 타임지에서 선정한 세계 10대 슈퍼푸드로 선정되기도 하였습니다.

시금치의 비타민 K와 루테인, 엽산, 베타카로틴은 인지력 감퇴와 치매 예방에 효과적입니다. 미국 러시대학교의 연구에 따르면 950명의 성인을 대상으로 10년간 조사를 한 결과, 하루 한 번 이상 시금치와 같은 잎채소를 섭취한 사람은 그렇지 않은 사람에 비해 인지력 감퇴가 평균 11년 정도 늦춰졌다고 합니다. 이는 시금치의 각종 비타민과 항산화 성분이 뇌신경 세포의 퇴화와 노화를 방지하여 전반적인 뇌 활성화에 이바지하기 때문입니다.

**YES!
이렇게 먹어요**

간에 염증이 생기면 신진대사에 악영향을 주어 신체 피로도가 증가합니다. 이런 염증이 지속되면 간이 딱딱하게 굳어지는 간경변증으로 이어지고, 심할 경우 간암까지 유발할 수 있습니다. 간은 한 번 손상되면 회복이 어렵기 때문에 예방과 초기 염증 관리가 중요합니다. 시금치의 풍부한 비타민 K와 칼륨, 베타카로틴은 염증 억제에 뛰어납니다. 비타민 K는 혈관 내 칼슘 축적을 억제하여 염증 예방에 도움을 주며, 지용성으로 기름에 살짝 볶으면 흡수율이 더욱 증가합니다. 칼륨은 혈관 속 독소와 나트륨을 외부로 배출시켜 노폐물과 독소를 제거하여 간의 부담을 덜어 줍니다. 국립농업과학원의 자료에 따르면 시금치 100g에는 7,050ug의 베타카로틴이 함유되어 있으며, 이는 간의 해독을 돕고 간세포를 강화한다고 밝혔습니다.

간 건강에 도움을 주는 시금치는 달걀과 함께 볶음으로 먹으면 효과적입니다. 미국 의학연구소에 따르면 달걀노른자에 풍부한 콜린은 간에 있는 초저밀도 리포단백질(VLDL)의 분비를 높여 간으로부터 지방을 안전하게 빼내며, 지방간의 발달을 막는다고 합니다. 이때 양파도 함께 먹으면 좋은데, 양파 특유의 향을 내는 글루타치온은 간 해독 작용에 꼭 필요한 물질로 세포 손상을 일으키는 활성산소를 제거하여 비알코올성 간 기능 저하를 막아 줍니다.

간 건강에 좋은 시금치 달걀볶음

재료(2인분 기준)
○ 시금치 100g
○ 양파 1/2개
○ 달걀 3개
○ 올리브유 2큰술
○ 소금 약간
○ 깨 약간

1. 시금치는 깨끗하게 씻은 후 먹기 좋은 크기로 자르고, 양파 1/2개도 껍질을 벗긴 후 작게 썹니다. 달걀 3개는 흰자와 노른자가 잘 섞이도록 미리 풉니다.
   TIP_ 시금치는 섬초나, 포항초, 남해초 등 모든 종류를 사용해도 좋습니다.

2. 가열한 프라이팬에 올리브유 2큰술을 두르고 중불에서 시금치와 양파를 넣고 살살 볶습니다. 시금치와 양파는 타지 않도록 천천히 저어가며 볶습니다.

3. 양파가 투명해지면 풀어 둔 달걀물을 골고루 붓고 소금을 1~2꼬집 뿌려서 간을 합니다. 달걀물이 익을 정도로만 볶아 시금치 달걀볶음

을 완성합니다. 먹기 전에 깨를 솔솔 뿌리면 더 건강하게 먹을 수 있습니다.

TIP_ 참깨의 라이신은 결석을 억제하는 역할을 하여 시금치를 먹을 때 혹시 모를 결석의 방지에도 도움이 됩니다.

NO! 이렇게 먹지 마세요

시금치에는 비타민 C, 베타카로틴, 철분, 마그네슘, 아연 등이 풍부하게 들어 있습니다. 생으로 먹으면 떫은맛이 나서 데쳐 먹곤 하는데, 시금치는 데치기 전에 절대 자르면 안 됩니다. 데치는 동안 자른 단면으로 영양소가 빠져나가 비타민 C의 경우 40%나 사라지게 됩니다. 그래서 시금치를 통째로 단시간에 살짝만 데치고, 데친 후에 자르세요.

또한 시금치는 상온 보관하면 하루 만에 비타민의 60%가 손실됩니다. 빨리 먹는 것이 가장 좋고, 그럴 수 없다면 데친 후 냉동 보관합니다.

+ 시금치 특유의 떫은맛은 수산 때문입니다. 끓는 소금물에 시금치를 30초 동안 데치거나 랩에 시금치를 싼 뒤 전자레인지에 20초 동안 데우면 떫은맛이 사라집니다.

시래기

효능	뼈 건강 / 항암 효과 / 피부 건강	제철 시기	겨울

시래기는 푸른 무청을 겨우내 말린 것을 말하며, 오래전부터 우리나라 사람들이 즐겨 먹는 식재료입니다. 시래기에 풍부한 칼슘과 비타민 K는 뼈 건강에 아주 중요한 영양소입니다. 무청에는 무 뿌리에 비해 약 10배 이상의 칼슘이 함유되어 있으며, 비타민 K는 배추에 비해 4배나 많이 함유되어 있습니다. 칼슘은 뼈를 튼튼하게 만들고 골밀도 향상을 도와 전반적인 뼈 건강에 효과적이며, 비타민 K는 칼슘이 뼈에서 새어 나가지 못하게 하여 골다공증 예방에 좋습니다. 시래기에는 딸기와 당근보다 풍부한 비타민 C가 함유되어 있습니다. 비타민 C는 콜라겐의 생성을 촉진하고 잡티 제거와 탄력 유지에 도움을 주며, 항산화 성분이 풍부하여 피부 노화 방지와 주름 개선에도 효과가 있습니다.

YES! 이렇게 먹어요

시래기에 함유된 베타카로틴과 글루코시놀레이트 등은 항암 효과가 뛰어나며, 암을 유발하는 유해 물질을 제거할 뿐만 아니라 암세포의 증식과 전이를 억제하는 효과도 있습니다. 국립농업과학원의 연구에서도 시래기에 우수한 암 억제 효능이 숨어 있다고 합니다.
항암 효과가 뛰어난 시래기는 끓여서 물로 마시는 것이 좋습니다. 이 방법은 '야채 수프'라는 이름으로 일본의 생물학 박사 다테이즈 가즈가 개발한 방법으로 국내와 일본에서도 그 효과들이 많이 입증되었습니다.

암세포가 사라지는 시래기 채소 수프

재료(2L 기준)
- 시래기 5줄기
- 우엉 1/4 줄기
- 무 1/4개
- 표고버섯 1개
- 당근 1/2개
- 물 2L

1. 모든 재료는 껍질째 잘 씻어서 약한 불로 끓입니다.
   TIP_ 끓일 때 뚜껑은 열지 않는 것이 좋으며, 자성을 띠지 않는 스테인리스나 내열 유리 냄비를 사용하는 것이 좋습니다.

2. 1시간 동안 끓이면 항암, 항염증 작용에 도움을 주는 시래기 채소 수프 완성입니다.
   TIP_ 채소를 물에 넣고 가열하면 일부 비타민은 감소하지만 베타카로틴과 라이코펜, 각종 무기질은 잘 용출되어 그 흡수율을 더욱 높일 수 있습니다.

**NO!
이렇게 먹지 마세요**

시래기는 자체가 찬 성질을 가지고 있어서 몸이 약한 사람이나 손발이 차고 몸이 찬 사람들의 경우 소량만 섭취하는 것이 좋습니다. 또한 시래기에 풍부한 인이 우리 몸에서 칼슘보다 함량이 높아지면, 혈액 속에 칼슘의 농도가 낮아지고 골 질량이 감소한다고 합니다. 지속적으로 섭취하면 골다공증이 발생할 수 있으니 주의하세요.

평소 위염이나 위궤양으로 고생을 하는 사람이라면 속이 쓰릴 수 있기 때문에 적당량만 먹는 것이 좋으며, 시래기의 질긴 껍질 부분을 제거하고 부드러운 형태로 삶아서 먹는 것이 좋습니다.

잘 말린 시래기는 겨울 동안 바람 잘 통하는 그늘에 걸어 두고, 필요한 만큼만 걷어서 요리에 사용하면 됩니다. 너무 바싹 말리면 잎사귀가 부스러질 수 있으니 주의하세요. 또 말린 시래기는 습도가 높으면 곰팡이가 생기거나 부패할 수 있으므로 주의가 필요합니다.

시래기가 잘 마른 후 공기가 통하지 않는 비닐에 넣어 냉장실에 차갑게 보관하거나 삶아서 한 끼 먹을 분량씩 나눠 냉동 보관하면 좋습니다.

식초

| 효능 | 소화 활동 촉진 / 다이어트 / 피부 미용 | 제철 시기 | 상시 |

신맛을 내는 대표적인 조미료인 식초는 초산을 비롯해 구연산과 호박산 등 60여 종의 유기산을 함유하고 있으며, 체내에서 복합적인 작용을 하여 피로 회복과 면역력 증진은 물론 혈관과 혈액 건강에도 큰 도움을 줍니다.

구연산, 사과산, 호박산, 주석산 등의 유기산이 풍부한 식초는 침과 소화액의 분비를 촉진하고 장운동을 활발하게 만들어 줍니다. 또한 식초 속의 구연산은 피부의 기미나 잡티, 여드름과 같은 피부 트러블을 완화해 주고, 비타민 C는 피부 속 독소를 배출하여 노화를 방지해 줍니다.

YES! 이렇게 먹어요

식초에 풍부한 초산은 내장지방을 분해하여 다이어트에 효과적입니다. 해외 연구에 따르면 발효식초를 12주간 아침저녁으로 꾸준히 먹은 사람들은 혈중 지방이 18% 감소하였으며, 내장지방과 허리둘레 모두 감소하였습니다. 이는 식초의 주성분인 초산이 지방 합성을 억제하고 지방의 연소를 촉진하기 때문입니다.

초산이 간에서 대사될 때 AMPK라는 효소가 활성화되는데, 이 효소는 지방 연소 물질을 분비하고, 지방 축적 물질은 감소시키는 효과가 있습니다. 그래서 식초를 통한 다이어트는 여러 연구를 통해 검증되었으며, 더욱 확실한 효과를 위해 파인애플 식초를 만들어서 먹으면 좋습니다.

식초와 파인애플을 발효시킨 파인애플 식초는 뱃살을 빼는데 탁월한 효능이 있습니다. 파인애플에 풍부한 브로멜라인과 각종 소화 효소들은 다이어트는 물론 장 건강과 근육 유지에도 큰 도움을 줍니다. 특히 브로멜라인은 체내에서 단백질을 아미노산으로 바꿔주기 때문에 지방 축적을 억제하고 근육량은 늘리는 역할을 합니다. 이런 파인애플이 식초와 만나면 발효 과정을 거치며 생긴 유기산이 지방 제거에 효과를 낼 수 있습니다.

다이어트와 면역력 향상에 좋은 파인애플 식초

재료
- 파인애플 1/2개
- 천연 발효 식초 2컵
- 설탕 2컵

1. 파인애플은 껍질을 벗기고 적당한 크기로 깍둑썰기합니다.
   TIP_ 파인애플 심지에 브로멜라인이 매우 풍부하니 심지째 사용하는 것이 좋습니다.

2. 파인애플이 준비되었으면 식초와 설탕을 1:1 비율로 잘 섞습니다.

3. 설탕이 식초에 충분히 녹을 수 있게 잘 젓습니다.

4. 용기에 파인애플을 넣고 파인애플이 충분히 잠기도록 식초를 천천히 붓습니다.
TIP_ 용기의 크기나 식초의 양에 따라 파인애플 양도 조절할 수 있습니다.

5. 완성된 파인애플 식초는 햇빛이 들지 않는 상온에서 2주 정도 숙성시킨 후 파인애플은 건져내고 식초만 따로 냉장 보관합니다. 식후 물 1잔에 파인애플 식초 2큰술 정도 타서 마시고, 3주 내로 마시는 것이 좋습니다.

NO! 이렇게 먹지 마세요

식초의 주성분인 초산은 소화액 분비를 촉진하여 음식의 소화 흡수를 돕습니다. 그래서 식초물을 식전 공복에 먹어야 최대 이점을 얻을 수 있습니다. 하지만 위장이 약하거나 위산과다 증상이 있다면 속쓰림이 발생할 수 있으니 식사 중이나 식후에 마시는 것을 추천합니다. 그리고 식초물을 마셨다면 30분 이후에 양치질하는 것이 좋습니다. 알칼리성인 식초가 치아에 닿은 후 바로 양치질을 한다면 치아의 에나멜층이 마모되어 치아가 손상될 수 있습니다.

식초를 고를 때는 성분표를 확인하여 주정과 주요가 들어가지 않은 천연 발효 식초를 선택하는 것이 좋습니다. 주요와 주정이라 불리는 에탄올에 초산균을 넣어 하루나 이틀 만에 속성으로 발효시키면 유효 성분의 함량이 매우 낮습니다. 건강을 위해서라면 좀 더 꼼꼼히 살펴보고 천연 발효 식초를 선택하세요.

쑥

| 효능 | 알칼리성 식품 / 혈액 속 노폐물 제거 / 혈관 건강 | 제철 시기 | 봄 |

봄철 대표 나물인 쑥은 오랜 옛날부터 식용과 약용으로 사용되었습니다. 쑥은 알칼리성 식품으로 각종 미네랄과 카로티노이드가 풍부해 건강에 좋습니다. 쑥의 풍부한 베타카로틴과 칼륨은 혈액과 혈관 건강에 도움을 줍니다.

국립 농업과학원 자료에 의하면 쑥의 베타카로틴 함량은 100g당 4,153㎍으로, 냉이나 달래 등의 다른 봄나물에 비해 훨씬 풍부한 양입니다. 베타카로틴은 강력한 항산화 물질로 혈액 속 노폐물을 제거하고 피를 맑게 만듭니다. 이런 작용들은 혈액 정화와 혈액 순환 개선은 물론 몸속 독성 물질 배출에도 효과적입니다.

YES! 이렇게 먹어요

쑥은 건새우와 함께 쑥국을 끓여 먹을 때 좋은 효과를 발휘합니다. 쑥국을 끓일 때 건새우를 넣어 주면 감칠맛은 더해지고, 새우의 타우린이 혈중 콜레스테롤 수치는 낮춰 줍니다. 연세대학교 식품영양학과의 연구에 따르면 타우린을 꾸준히 먹은 사람은 그렇지 않은 사람에 비해 콜레스테롤 수치가 10% 이상 떨어졌다는 결과도 있습니다.

혈액을 깨끗하게 만드는 쑥국

재료(2인분 기준)
- 쑥 100g
- 물 4컵(종이컵 기준)
- 다시마 1조각
- 건새우 1큰술
- 된장 1큰술
- 다진 마늘 1/2큰술
- 들깻가루 1큰술

1. 쑥에 붙어 있는 잡풀이나 시든 잎을 손질한 후 흐르는 물에 헹굽니다. 물 1L에 식초 1큰술을 넣고 쑥을 3분 동안 담가 둡니다.
   TIP_ 식초의 초산은 금속이온에 달라붙는 성질이 있어 쑥에 남아 있는 중금속 제거에 아주 효과적입니다.

2. 물 4컵에 다시마 1조각을 넣어 끓이다가 물이 끓기 시작하면 다시마는 건져냅니다.
   TIP_ 깔끔한 맛이 좋다면 다시마 육수를, 깊은 맛을 원한다면 멸치 육수를 사용하세요.

3. 준비된 육수에 된장 1큰술과 다진 마늘 1/2큰술, 건새우 1큰술을 넣고 한 번 더 끓입니다. 국물이 끓으면 준비한 쑥을 넣고 들깻가루 1큰술을 솔솔 뿌려 쑥국을 완성합니다.
   TIP_ 들깻가루에 풍부한 리놀렌산은 혈전의 생성을 막아주기 때문에 쑥과 함께 먹으면 혈관 건강에 큰 도움이 됩니다.

**NO!
이렇게 먹지 마세요**

쑥은 따듯한 성질을 가지고 있어 몸에 열이 많은 사람은 과다 섭취에 주의하며, 열과 향이 누적되면 오심 또는 구토 증상을 일으킬 수 있습니다. 또한 산후 조리하는 산모나 열이 있고 땀이 안 나는 아토피 체질의 사람도 주의하며 섭취하세요.

생쑥으로 먹을 때는 하루에 80g 이하로, 말린 쑥의 경우 최대 12g 이하로 먹어야 합니다.

애호박

효능	혈관 건강 / 뇌 건강 / 피부 관리 / 염증 제거	제철 시기	여름

부드러운 식감과 달달한 맛의 애호박은 여름철의 강한 햇빛과 더위에도 잘 자라는 생명력이 아주 강한 채소입니다. 애호박에 풍부한 베타카로틴과 각종 비타민, 칼륨 등의 영양소는 건강에도 많은 도움을 줍니다.

애호박에 풍부한 칼륨은 혈관을 깨끗하게 하고 혈관 질환 예방에 도움을 주고, 혈관 속 나트륨과 노폐물을 배출하여 혈관에 노폐물이 쌓이는 것을 방지해 줍니다. 이런 작용들은 혈관 건강 증진은 물론 고혈압이나 심근경색 등 각종 혈관 질환 예방에도 효과적입니다.

애호박에 함유된 레시틴은 뇌세포의 활성화와 뇌의 혈액 순환을 촉진하여 뇌 건강에 큰 도움을 줍니다. 애호박에 풍부한 불포화지방산도 뇌 기능 개선을 통한 치매 예방에 뛰어난 효능이 있습니다.

YES! 이렇게 먹어요

애호박에 풍부한 몰리브덴과 망간은 몸속 염증을 제거하고 몸 밖으로 배출하는데 큰 도움을 줍니다. 애호박의 몰리브덴은 100g당 9.34ug으로 호박 중 가장 높은 함량을 자랑합니다. 몰리브덴은 체내 죽은 세포를 배출하여 염증 억제에 도움을 주고, 염증을 유발하는 세균과 독성 반응을 줄이는 역할도 합니다.

포트헤어공립대학교의 연구에 따르면 몰리브덴의 뛰어난 항산화 효능으로 항염증에 도움을 준다고 밝혔습니다. 또한 애호박의 망간도 체내 염증 매개체인 사이토카인 수치를 감소시켜 염증 억제를 돕습니다.

염증 제거에 탁월한 애호박은 쪄서 된장과 함께 먹으면 효과가 배로 올라갑니다. 애호박은 주로 볶아서 먹는데, 이런 성분들은 열에 약하기 때문에 쪄서 먹는 것이 더욱 좋습니다. 또한 같이 먹는 된장은 단백질을 분해하는 효소가 풍부하여 애호박에 함유된 몰리브덴의 체내 흡수율을 높여 줍니다.

염증 제거에 좋은 애호박찜

재료(2인분 기준)
- 애호박 1개
- 된장 2큰술
- 다진 마늘 1/2큰술
- 매실액 1큰술
- 들기름 1큰술
- 깨 약간

1. 잘 씻은 애호박은 먹기 좋게 깍둑썰기하고, 찜기에 김이 오르면 자른 애호박을 넣고 중불에서 2~3분 동안 찝니다.
   TIP_ 너무 얇으면 찌는 과정에서 무를 수 있으니 조금 도톰하게 써는 것이 좋습니다.
   TIP_ 호박의 두께나 불의 세기에 따라 찌는 시간은 조절하세요.

2. 애호박을 다 쪘다면 준비한 양념장을 올려 살살 버무리고 마지막에 빻은 깨까지 솔솔 뿌려 맛있는 애호박찜 완성입니다.

NO!
이렇게 먹지 마세요

자르지 않은 애호박
애호박은 아직 미숙 상태로 냉장 보관이 필수인 식재료입니다. 애호박을 냉장 보관할 때 신선함을 유지하기 위해서는 수분 공급이 중요합니다. 애호박의 꼭지 부분만 젖은 키친타월로 감싸 주면 수분이 공급되면서 신선하게 보관할 수 있습니다. 키친타월로 감싼 애호박은 랩이나 지퍼백으로 밀봉하여 냉장 보관하면 1주일 이상 보관이 가능합니다.

자른 애호박
사용하고 남은 애호박은 오히려 수분을 제거하는 것이 좋습니다. 애호박을 자르면 자른 단면에서 수분과 진액이 발생하여 금방 무르고 상하게 됩니다. 이때는 키친타월로 자른 단면을 감싸서 보관하는 것이 좋습니다. 감싼 애호박은 동일하게 랩이나 지퍼백에 밀봉하여 냉장 보관하고, 키친타월이 젖으면 교체해 주는 것이 좋습니다.
남은 양이 많거나 나중에 사용할 목적이라면 냉동 보관합니다. 애호박에서 수분이 가장 많이 발생하는 곳은 바로 씨 부분입니다. 씨까지 함께 얼리면 신선도는 물론 어는 과정에서 맛과 식감이 크게 저하되기도 합니다. 따라서 냉동 보관할 때는 애호박의 씨 부분을 잘라내고, 애호박은 1cm 이상으로 잘라야 나중에 식감이 좋습니다. 자른 애호박은 키친타월로 수분을 충분히 제거한 후 지퍼백에 넣고 냉동실에 넣어 줍니다. 냉동 보관한 애호박은 3개월 이상 신선하게 보관할 수 있습니다.

양배추

| 효능 | 위장 건강 / 혈액 순환 / 뼈 건강 / 치매 예방 | 제철 시기 | 겨울 |

양배추는 세계 각국에서 선정하는 슈퍼푸드에 빠지지 않고 등장합니다. 둥근 생김새와 연한 녹색을 띠는 양배추는 고대 그리스, 로마 시대부터 즐겨 먹었던 역사가 깊은 식품입니다. 양배추에는 식이 섬유가 풍부하고 각종 비타민과 무기질, 항산화 성분들이 다양하게 함유되어 있습니다.

양배추에 풍부한 비타민 U는 위벽을 튼튼하게 하는 효과가 있습니다. 스탠퍼드대학교의 연구에 따르면 위궤양 환자 65명을 대상으로 3주 동안 양배추를 섭취하게 한 결과, 3명을 제외한 모든 환자의 위궤양이 완치되었다고 합니다. 양배추가 위 점막에서 분비되는 호르몬인 프로스타글란딘의 생산을 촉진하고, 위산 자극으로부터 위벽을 보호하기 때문이라고 합니다. 비타민 K와 비타민 U는 위벽의 출혈을 막아 궤양이나 위장 장애 개선에도 도움을 줍니다.

YES! 이렇게 먹어요

양배추에는 100g당 78mg의 풍부한 비타민 K가 함유되어 있습니다. 비타민 K는 혈액 응고 균형을 유지하고, 뼈에 칼슘을 저장합니다. 많은 사람은 칼슘이 뼈 건강에 가장 중요하다고 생각하지만, 비타민 K가 부족하면 칼슘이 뼈에 저장되지 못합니다. 따라서 충분한 양의 비타민 K 섭취는 뼈 건강은 물론 골밀도 강화에 직접적인 영향을 줍니다.

양배추와 함께 양파도 골밀도를 높이고 산화 스트레스를 줄여 주는 효과가 있습니다. 미국 사우스캐롤라이나대학교의 연구에서는 50세 이상 폐경기 여성을 대상으로 양파 섭취량과 뼈 건강의 상관 관계를 조사했는데, 양파 섭취량이 많은 사람은 골밀도 상태가 더 좋았으며 골절 위험도 20% 이상 낮았다고 밝혔습니다.

당근도 비타민 K와 비타민 A가 가득한 채소입니다. 당근의 비타민 A는 뼈의 대사 작용을 도와 뼈 건강 유지에 큰 도움을 줍니다.

뼈 건강을 지켜 주는 양배추전

재료(2인분 기준)
- 양배추 100g
- 달걀 3개
- 양파 30g
- 당근 30g
- 식용유 적당량
- 소금 약간

1. 양배추는 겹겹이 붙은 잎을 떼고 1L 기준 식초 1큰술을 넣은 물에 2분 동안 담갔다가 흐르는 물에 깨끗하게 헹구면 잔류 농약도 제거되고 냄새도 잡을 수 있습니다.

2. 잘 씻은 양배추는 길쭉하게 채를 썰고, 양파와 당근은 잘게 다지듯이 썹니다.

3. 불에 준비한 재료를 넣고 달걀 3개를 풀어 잘 섞고 소금 1~2꼬집으로 살짝 간을 합니다.

TIP_ 밀가루나 부침가루를 넣지 않고 달걀을 사용해 전을 구우면, 달걀이 가지고 있는 양질의 지방 흡수율이 더욱 증가합니다.

4. 팬에 기름을 넉넉하게 두르고 중불에서 달군 후 준비한 재료를 넣고 천천히 익힙니다. 불의 세기는 중불로 유지하고, 앞면이 어느 정도 익었다면 잘 뒤집어서 반대쪽도 골고루 익혀 양배추전을 완성합니다.
TIP_ 비타민 K와 비타민 A는 모두 지용성으로 기름에 조리해서 먹으면 흡수율이 최대 8배까지 증가합니다.

NO!
이렇게 먹지 마세요

양배추를 씻거나 식감을 살리기 위해 물에 오랫동안 담가 놓으면 유효 성분들이 물에 녹아 나와 건강상 이점을 충분히 살릴 수 없습니다. 양배추에 풍부한 글루코시놀레이트는 항암 효과가 뛰어나지만, 수용성이기 때문입니다.

양배추를 데치는 것도 같은 원리로, 건강하게 먹는 방법으로 쪄서 먹는 것이 가장 좋습니다. 흐르는 물에 씻은 양배추를 먹기 좋은 크기로 잘라 찜기에 올리고 뚜껑을 덮어 약 5분 동안 찝니다. 이렇게 찐 양배추는 영양 손실도 적고 식감도 부드러워 맛과 영양 모두 챙길 수 있습니다.

양파

효능	당뇨병 개선 / 혈관 건강 / 항암 효과	제철 시기	여름

양파는 약 7000년 넘게 인류 식생활의 일부가 되어 온 아주 친근한 식재료입니다. 특히 우리나라 사람들은 1년에 약 29kg의 양파를 먹을 정도로 많은 양의 양파를 먹고 있습니다. 양파에는 각종 비타민과 섬유질, 알리신, 퀘르세틴 등 다양한 영양소가 풍부해 건강에도 많은 도움을 줍니다.

양파에는 혈액 순환과 항암 효과에 도움을 주는 퀘르세틴이 풍부합니다. 퀘르세틴은 발암물질의 생성을 억제하고 암세포의 전이를 막아 주는 효과가 있습니다. 또한 양파에는 항암 효과에 뛰어난 알리신과 폴리페놀 등도 풍부해 각종 암 예방에도 큰 도움을 줍니다. 위, 대장, 간암을 비롯해 각종 소화기 계통의 암을 예방하는 효과도 탁월하니 각종 요리에 양파를 활용해 보세요.

YES! 이렇게 먹어요

양파에 풍부한 퀘르세틴과 플라보노이드는 혈관을 깨끗하게 지켜 주며, 혈관에 쌓인 나쁜 콜레스테롤(LDL)과 중성지방을 흡착하여 몸 밖으로 배출시킵니다. 또한 동맥벽이 두꺼워지는 것을 막고 혈관의 탄력성을 높여 혈액 순환 개선과 함께 혈관 건강을 지키는 역할을 합니다. 혈관 건강에 좋은 양파와 같이 먹으면 그 효능을 더욱 높이는 식재료가 바로 달걀입니다.

달걀노른자에 함유된 레시틴은 뛰어난 유화 작용으로 혈관에 붙어 있는 노폐물 배출에 효과적입니다. 혈관을 깨끗하게 만들고 동맥경화나 고지혈증 등과 같은 혈관 질환을 예방하는데 큰 도움을 줍니다. 달걀 100g에는 11g의 좋은 지방이 함유되어 있어 지용성인 퀘르세틴의 체내 흡수율을 크게 높일 수 있습니다. 양파와 달걀은 각각의 성분들이 혈관을 깨끗하게 만들 뿐만 아니라 서로의 흡수율을 높여 주는 최고의 궁합이라 할 수 있습니다.

혈관을 깨끗하게 만들어 주는 양파덮밥

재료(2인분 기준)
- 양파 1개
- 달걀 2개
- 대파 1줌
- 후추 약간

양념장
- 물 1컵
- 간장 4큰술
- 맛술 4큰술
- 매실액 2큰술

1. 양파와 대파는 먹기 좋은 크기로 얇게 채 썰고, 달걀 2개는 잘 풀어 준비합니다.
   TIP_ 양파는 썰어 실온에 15분 이상 놔두면 매운 성분인 황화합물이 체내에 유익한 효소로 변합니다. 이 효소는 혈전 예방에 도움을 주기에 양파는 미리 썰어 놓는 것이 좋습니다.

2. 팬에 불을 켜고 양파를 넣은 다음 준비한 양념장도 골고루 뿌립니다.

3. 양파가 부드러워질 때까지 약불에서 보글보글 끓이다가 양파가 익으면 준비한 달걀물을 붓고 대파도 같이 넣습니다.
   TIP_ 이때 달걀은 휘젓지 말고 그대로 익힙니다.

4. 달걀이 70% 정도 익었다면 불을 끄고 후추를 조금 뿌려 마무리합니다.
   TIP_ 달걀은 다 익히는 것보다 살짝 덜 익혀야 맛이 더욱 좋습니다.

5. 이 상태로 밥 위에 양파를 적당량 올리고 같이 끓인 양념도 올리면 맛있는 양파덮밥 완성입니다.

**NO!
이렇게 먹지 마세요**

양파는 통풍이 잘되고 서늘한 곳에 보관하는 것이 가장 좋습니다. 하지만 현실적으로 그런 장소를 찾기 힘들어서 냉장고에 보관하는 경우가 많은데, 양파를 그냥 냉장고에 보관하면 금세 무르고 쉰내가 나며 상합니다.

양파를 냉장고에 보관할 때는 껍질을 벗기고 줄기를 잘라 주는 것이 좋습니다. 껍질을 벗긴 양파는 절대 물로 씻지 말고 키친타월로 수분을 잘 닦아 줍니다. 양파 표면의 수분이 양파를 금세 무르고 상하게 만드는 원인이기 때문입니다. 잘 닦은 양파는 랩으로 꽁꽁 감싸서 냉장고에 보관하면 신선하고 오랫동안 보관할 수 있습니다. 이렇게 보관한 양파는 1개월이 지나도 처음 상태 그대로 사용할 수 있습니다.

양파의 매운맛을 내는 황화합물은 양파 세포에서 터져 나오는 순간 공기 중으로 날아가 눈물샘을 자극합니다. 황화합물은 물에 잘 용해되는 성분으로 물 묻은 칼로 양파를 썰면 공기 중으로 날아가는 양을 줄일 수 있습니다. 또한 양파를 자를 때 옆에 뜨거운 물을 놔두는 방법도 효과적입니다. 뜨거운 물에서 올라오는 증기가 양파 속 황화합물을 서서히 제거하는데, 이는 촛불을 켜는 것과 같은 원리입니다.

연근

효능	항암 효과 / 혈당 조절 / 피부 미용 / 위 건강	제철 시기	가을

연근은 연꽃의 땅속 뿌리줄기를 말하며 가을부터 봄까지가 제철인 대표적인 뿌리채소 중 하나입니다. 특유의 아삭한 식감으로 조림이나 무침, 구이 등 다양한 요리에 활용됩니다. 연근에는 필수아미노산과 비타민을 포함해 여러 미네랄이 골고루 함유되어 있어 건강에도 많은 도움을 줍니다.

연근에 풍부한 폴리페놀은 항산화 작용으로 암을 예방하고 개선하는데 효과적이며, 체내 활성산소를 중화시켜 사전의 암세포 생성을 막아 줍니다. 연근의 타닌도 몸의 해독 작용과 함께 암세포에 대응하는 역할을 합니다. 연근을 꾸준히 먹으면 암을 예방하고 개선하는데 많은 도움이 될 것입니다.

YES!
이렇게 먹어요

연근에 풍부한 뮤신은 위벽의 손상을 억제하고, 위 점액 분비를 촉진해 위 건강을 지켜 줍니다. 이 성분은 위를 보호하여 위염이나 위궤양 등 위 질환 예방과 개선에 큰 도움을 줍니다. 미국 국립의학도서관 등의 자료에 따르면 연근에 풍부한 식물성 뮤신은 위산으로부터 위 점막을 보호하여 위벽이 허는 것을 막고, 궤양에서 암으로 발전하는 것을 예방한다고 합니다.

또한 인슐린 분비를 촉진해 혈당 조절에도 효과적입니다. 하지만 뮤신은 열에 약해서 열을 오래 가하거나 졸이면 제대로 섭취하기 어렵습니다. 그래서 연근을 오이와 함께 무침으로 먹는다면 위 건강과 혈당 관리에 좋습니다. 연근과 오이를 같이 먹으면 오이 속 수용성 식이섬유인 펙틴이 뮤신의 소화를 도와주기 때문에 흡수율을 더욱 높일 수 있습니다.

연근과 같은 수생식물 뿌리에는 기생충이 서식할 수 있고, 약한 독성이 있으므로 살짝 익혀서 먹는 것이 좋습니다. 살짝 데친 연근과 아삭한 오이를 같이 먹으면 맛은 물론 건강에도 큰 도움이 될 것입니다.

위 건강과 혈당 관리에 좋은 연근무침

재료(2인분 기준)
○ 연근 200g
○ 양파 1/2개
○ 오이 1개
○ 깨 약간

양념장
○ 간장 2큰술
○ 고춧가루 2큰술
○ 매실액 2큰술
○ 식초 1큰술
○ 다진 마늘 1큰술

1. 연근을 흐르는 물에 깨끗하게 씻고 칼이나 필러를 사용해서 껍질을 벗겨 먹기 좋은 크기로 썰고, 양파와 오이도 먹기 좋은 크기로 미리 자릅니다.

2. 물이 끓으면 식초를 1큰술을 넣고 연근을 1분 동안 데칩니다.
   TIP_ 식초는 연근의 아린 맛과 불순물 제거에 도움을 주지만, 오래 익히면 유효 성분의 손실이 발생하므로 딱 1분만 데칩니다.

3. 데친 연근은 찬물에 헹구고 양파, 오이, 양념장과 함께 조물조물 무칩니다. 기호에 따라 양념의 양은 조금씩 추가해도 좋습니다. 잘 무친 연근 무침은 아삭한 식감으로 맛있게 먹을 수 있습니다. 먹기 전에 깨를 빻아서 솔솔 뿌린다면 고소함도 추가되어 더욱 좋습니다.

 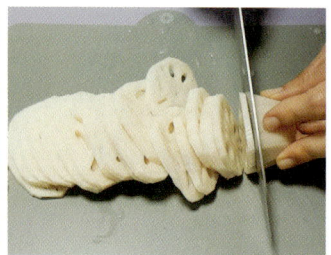 

**NO!
이렇게 먹지 마세요**

연근은 기본적으로 따뜻한 성질을 가지고 있어서 몸에 열이 많은 사람은 섭취에 주의합니다.

평소 변비가 있거나 소화 기능이 약한 사람이 연근을 과다 섭취하면, 소화가 잘 안되거나 변비 증상이 심해질 수 있으니 소량으로 섭취합니다. 하루 100g 이하로 먹는 것을 추천합니다.

또한 연근을 요리할 때 철 그릇을 사용하면 연근의 철분과 양극 현상이 일어날 수 있으니 철 그릇은 되도록 피하세요.

오렌지

| 효능 | 치매 예방 / 항암 효과 / 요로결석 예방 | 제철 시기 | 봄 |

향긋하고 달콤한 오렌지는 누구나 좋아하는 과일입니다. 오렌지에 함유된 각종 비타민과 항산화 성분들은 건강과 미용에도 많은 도움을 줍니다. 오렌지를 매일 먹으면 치매 발병 위험을 크게 낮출 수 있습니다. 일본 도호쿠대학교 연구팀에 따르면 13,000명의 노인을 대상으로 수년간 추적 조사한 결과, 매일 오렌지를 먹는 사람들은 1주일에 2회 이하로 먹는 사람들에 비해 치매 발병률이 23% 정도 낮은 것으로 나타났습니다. 이는 오렌지의 구연산 속 노빌레틴이라는 물질이 기억력 손상 등을 늦추기 때문입니다. 오렌지에 풍부한 구연산은 요로결석을 예방하고 소변을 알칼리성으로 변화시켜 결석이 생기는 것을 예방합니다. 충분한 물과 함께 오렌지를 꾸준히 먹는다면 요로결석을 막는데 도움이 될 것입니다.

**YES!
이렇게 먹어요**

양배추와 함께 먹어요

오렌지에 풍부한 카로티노이드는 유해 작용을 막는 식물 색소로 강력한 항암 효과를 자랑합니다. 또한 안쪽 흰 껍질에 풍부한 리모넨도 각종 암을 예방하는 것으로 알려져 있습니다. 이런 성분들은 세포의 산화를 방지하고 암세포의 성장을 억제하여 암의 예방과 진행 방지에 큰 도움을 줍니다.

미국 국립암연구소에서는 하루에 오렌지를 1개씩 먹는 것은 암 예방에 아주 좋은 방법이라고 했습니다. 한 연구 결과에 따르면 오렌지의 꾸준한 섭취는 후두암과 위암 등의 위험을 최고 50%까지 줄일 수 있다고 하였습니다. 항암 효과가 뛰어난 오렌지와 같이 먹으면 그 효능을 더욱 높일 수 있는 음식으로 양배추가 있습니다.

양배추에 풍부한 글루코시놀레이트와 셀레늄은 폐암과 직장암, 대장암 등의 발병률을 저하시킵니다. 이 성분들은 신체 산화 스트레스를 줄여 각종 암 예방에 도움을 줍니다. 오렌지의 산 성분은 몸에 흡수되면 알칼리성을 띠지만 속쓰림을 유발할 수 있습니다. 이때 양배추의 끈적한 점액질 성분인 비타민 U(카베진)가 위산으로부터 위벽을 보호하여 속쓰림 및 위장의 점막 강화에 도움을 줍니다. 오렌지와 양배추를 같이 갈아서 마시거나 샐러드로 활용하면 암 예방에 탁월한 효과가 있습니다.

바나나와 함께 먹어요

바나나와 오렌지를 함께 먹으면 영양학적으로 피로 예방과 운동 능력 회복에 탁월한 효과가 있습니다. 이는 운동에 필요한 주요 에너지원인 글리코겐의 저장량이 증가하기 때문입니다. 바나나는 전분질이 풍부하고 오렌지에는 구연산이 풍부해 둘 다 글리코겐 합성과 저장에 매우 적합한 과일입니다. 따라서 바나나와 오렌지를 같이 먹으면 피로와 탈진을 예방하고 운동 능력을 증가시킬 수 있습니다. 무리한 운동이나 등산처럼 체력 소모가 심한 활동을 할 때 바나나와 오렌지를 먹으면 큰 도움이 됩니다.

NO!
이렇게 먹지 마세요

수입 오렌지는 국내에서 사용이 금지된 농약이나 왁스를 바르는 경우가 많습니다. 수입 과일은 수확 후에도 대량으로 저장되고 장시간의 운송과정에서 상하지 않도록 각종 약품을 사용하고 있습니다. 국내산은 현행법상 과일을 수확한 후 농약을 사용할 수 없지만, 수입산은 막을 방법이 딱히 없습니다. 부경대 식품산업공학과의 자료에 따르면 수입 과일 96건에 대해 잔류 농약 검사를 시행한 결과, 오렌지의 농약 검출률은 83.3%로 포도나 체리, 자몽보다 훨씬 높은 수준이었다고 합니다.

농약 성분은 껍질에 그대로 남아 손으로 만지면 과육과 함께 그대로 먹을 위험이 있습니다. 문제가 되는 농약은 수입 오렌지에서 검출되는 오쏘페닐페놀(OPP)과 티아벤다졸(TBZ)이라는 살균제입니다. 이 성분은 오랜 시간 오렌지가 상하는 것을 막기 위해 과일의 표면에 왁스와 섞어 바르는 농약입니다.

동경도립위생연구소에서는 이 농약의 독성 실험했는데, 실험용 쥐에게 소량의 양을 먹인 결과 83%의 실험군에서 방광암이 발생하였다고 합니다. 전문가들은 사람이 먹으면 시력 저하와 기관지 수축은 물론 암 발생률까지 높일 수 있다고 경고하고 있습니다. 그래서 오렌지를 먹을 때는 꼭 씻어서 먹는 것이 좋습니다.

표면에 왁스가 발려져 있는 경우가 많으니 소주와 키친타월을 이용해 표면을 깨끗하게 닦아 줍니다. 휘발성 알코올인 소주는 살균 효과가 뛰어나 표면에 묻어 있는 왁스 성분이나 세균을 제거합니다. 그다음 물 1L에 밀가루 3큰술을 풀어서 3% 밀가루물을 만들고, 오렌지를 3분 동안 담가 두면 잔류 농약 제거에 탁월한 효과가 있습니다. 밀가루 세척이 끝난 오렌지는 흐르는 물에 충분히 헹궈 잔류 농약을 말끔히 제거할 수 있습니다.

오리고기

효능	혈관 질환 개선 / 피부 건강 / 면역력 증진 / 독소 배출	제철 시기	상시

'날개 달린 소'라고 불릴 정도로 맛과 영양이 풍부한 오리고기는 오래전부터 많은 사람이 즐겨 먹던 고기입니다. 오리고기에 풍부한 리놀산과 아라키돈산은 혈관 내의 콜레스테롤 감소에 도움을 주며, 콜레스테롤 수치를 낮춰 주고 중성지방과 혈전의 생성도 억제합니다. 동맥경화나 고혈압, 심장 질환 등 혈관 질환을 예방하는데 효과적입니다. 오리고기에 함유된 인, 철, 칼륨 등도 신진대사에 작용하여 혈관 건강에 많은 도움을 줍니다. 풍부한 아미노산과 리놀산은 콜라겐의 생성을 돕는 촉매 역할을 하는데, 콜라겐은 피부의 노화를 막아 주고, 피부 탄력을 유지해 피부 건강에 아주 중요합니다.

YES!
이렇게 먹어요

대부분의 육류가 산성이지만, 오리고기는 알칼리성을 띠고 있습니다. 또한 오리고기는 불포화지방산이 풍부해 다른 육류에 비해 해로운 기름이 훨씬 적습니다. 오리고기의 불포화지방산과 레시틴은 체내 질소를 효과적으로 분해해 불순물이나 독소가 우리 몸에 쌓이는 것을 막고, 몸 밖으로 배출되는 것을 도와줍니다.

불포화지방산과 함께 필수지방산도 풍부해서 콜레스테롤 수치를 낮추고 혈전의 생성을 방지하는 역할도 합니다. 오리고기와 함께 먹으면 체내 독소 배출에 매우 효과적인 음식이 바로 단호박입니다.

단호박에 풍부한 베타카로틴은 인체에 나쁜 영향을 미치는 활성산소들을 효과적으로 배출하는 효능이 있습니다. 하지만 베타카로틴은 지용성이기에, 쪄서 먹으면 흡수율이 10%에 그칩니다.

유럽영양학회의 자료에 따르면 단호박을 기름에 조리하면 베타카로틴의 흡수율이 최대 7배까지 증가한다고 합니다. 그래서 오리고기와 단호박을 함께 먹는다면 오리고기의 유익한 지방이 단호박의 베타카로틴 흡수율을 극대화할 수 있습니다. 오리고기의 불포화지방산과 단호박의 베타카로틴이 몸속 독소 배출에 큰 도움을 줍니다.

NO!
이렇게 먹지 마세요

오리고기는 다른 육류에 비하면 포화지방의 양이 적지만 아예 없는 것은 아닙니다. 오리고기 100g에는 포화지방이 6.2g 함유되어 있습니다. 그래서 자주 먹기보다는 가끔 맛있게 먹는 것이 좋습니다.

오리고기는 차가운 성질이 강해서 많이 먹으면 몸을 차게 만들 수 있습니다. 따라서 평소에 손발이 찬 수족냉증을 겪고 있다면 주의하세요. 오리고기를 먹고 난 뒤 오리의 찬 성질을 보완해 주기 위해 계피차나 대추차를 후식으로 마시면 좋습니다.

오이

| 효능 | 다이어트 / 이뇨 작용 / 치매 예방 | 제철 시기 | 여름 |

시원하고 아삭한 오이는 날이 따뜻해지면 더욱 인기가 많아지는 채소입니다. 오이에는 풍부한 수분과 함께 각종 비타민과 식이섬유도 풍부해 건강에 많은 도움을 줍니다. 여름철 대표 채소인 오이는 이뇨 효과가 있고 장과 위를 이롭게 하며 갈증을 그치게 한다고 《동의보감》에도 기록되어 있습니다. 오이는 95%가 수분으로 구성되어 영양가가 별로 없다고 생각하는 사람들이 많지만, 오이에는 수분 이외에도 몸에 좋은 영양소가 풍부하여 건강에 많은 도움을 줍니다. 오이에는 각종 비타민과 칼륨, 식이섬유, 카로틴 등이 풍부하게 함유되어 있습니다.

세계적인 생명과학연구소 살크생물연구소의 연구에 따르면 기억력이 손상된 실험군이 오이에 풍부한 피세틴을 꾸준히 섭취하였더니 일정 부분 기억력이 회복되었다고 합니다. 이는 피세틴의 강력한 항산화 능력으로 유리기에 의한 세포 손상을 억제하여 뇌의 염증을 줄이기 때문입니다.

YES! 이렇게 먹어요

여름철 시원하게 즐기는 오이냉국은 오이의 영양소를 빠짐없이 섭취할 수 있는 좋은 음식 중 하나입니다. 오이냉국에 방울토마토를 넣어 주면 효과는 배가 됩니다. 방울토마토는 오이에 없는 라이코펜이 풍부하여 노화 예방과 혈액 순환 개선, 피부 건강에 좋습니다. 이스라엘 벤구리온대학교 연구에 따르면 라이코펜의 꾸준한 섭취는 자외선에 의한 홍반과 주름을 예방한다고 합니다. 자외선이 유해 산소와 반응하여 신체의 DNA와 지방, 단백질에 손상을 주는 것을 라이코펜이 방지하기 때문입니다. 오이와 방울토마토에는 식이섬유도 풍부하여 여름철 취약하기 쉬운 장 건강을 지키는데도 큰 도움을 줍니다.

장 건강을 지켜 주는 토마토 오이냉국

재료(2인분 기준)
- 오이 1개
- 방울토마토 7개
- 양파 1/4개
- 고추 1개
- 물 600mL
- 설탕 3큰술
- 식초 6큰술
- 소금 1큰술

1. 오이는 어슷썰기로 채를 썰고 방울토마토는 반으로 자르고, 양파와 고추는 먹기 편한 크기로 잘게 자릅니다.
   TIP_ 오이와 같이 울퉁불퉁한 채소는 구석구석 세척이 힘들기 때문에 식초를 활용하는 것이 좋습니다. 식초의 초산은 금속이온에 달라붙는 성질이 있어 과일이나 채소에 묻은 중금속이나 잔류 농약 제거에 효과적입니다.

2. 준비한 물에 식초와 설탕, 소금을 넣어 잘 녹인 후 냉장고에 넣어 차갑게 만듭니다.
   TIP_ 오이 껍질에 함유된 아스코르비나아제는 토마토의 비타민 C를 파괴할 수 있으나 식초가 이를 중화시켜 주므로 영양 손실 없이 먹을 수 있어요.

3. 각종 재료에 냉국 국물을 부어 주면 건강한 오이냉국 완성입니다.
   TIP_ 기호에 따라 얼음이나 미역, 다진 마늘, 깨 등을 추가해도 좋아요.

NO!
이렇게 먹지 마세요

95%가 수분으로 이루어진 오이는 주변 습기에 약한 채소입니다. 따라서 오이를 보관할 때는 표면의 물기를 완전히 제거하는 것이 중요합니다. 오이는 씻지 않고 그대로 보관하는 것이 가장 좋으며 씻은 후에는 반드시 물기를 말리고 보관합니다.

신문이나 키친타월로 하나씩 감싸서 보관하면 습기를 흡수하여 좀 더 신선하게 보관할 수 있으며 오이의 길이 때문에 채소 칸에 세워서 보관하기 어렵다면 냉장고 사이드 칸에 세워서 보관하는 것도 좋습니다.

+ 다 쓴 페트병을 잘라서 보관 용기로 사용하면 보관도 편하고 보관 기간도 늘어납니다.

옥수수

효능	심혈관 질환 예방 / 눈 건강 / 내장 지방 제거 / 노화 방지	제철 시기	여름

옥수수는 세계 3대 식량 작물 중 하나이며, 전 세계 사람들이 즐겨 먹는 식재료입니다. 옥수수에 풍부한 각종 비타민과 리놀렌산, 필수지방산 등은 성인병 예방에도 아주 효과적입니다.

옥수수에는 리놀산이 풍부하여 혈중 콜레스테롤을 낮춰 주고, 옥수수의 칼륨은 유제품과 비슷할 정도로 함유량이 높아 혈압을 낮춰 주는 효과도 있습니다. 농촌진흥청의 자료에 따르면 옥수수와 옥수수 수염은 콜레스테롤과 혈압을 안정화 시키고 좋은 영향을 준다고 합니다.

옥수수는 눈에 좋은 영양소로 알려진 루테인과 제아잔틴이 풍부하며, 눈 건강 개선과 노화로 인한 시력 저하를 늦추는 것으로 유명합니다. 또한 강한 자외선으로 발생하는 눈의 피로와 시력 손상을 예방하는 효과도 있습니다. 스마트폰과 컴퓨터로 지친 눈을 옥수수로 관리하는 것도 좋습니다.

YES!
이렇게 먹어요

옥수수는 식이섬유가 풍부해 변비 완화와 내장지방 제거에 도움을 줍니다. 미국 웨이크포레스트대학교 의학센터에 따르면 하루에 옥수수 1개에 해당하는 수용성 식이섬유 10g을 먹으면 내장지방 제거에 효과적입니다. 옥수수는 소화 속도가 느려 포만감이 오래 지속되는 장점이 있습니다.

일반 옥수수도 다이어트 효과가 있지만 자색옥수수는 그 효과가 더 뛰어난데, 강력한 항산화 물질인 안토시아닌이 풍부하기 때문입니다. 안토시아닌은 내장지방의 합성을 억제하고 내장지방이 분화되는 것을 막으며 더욱 빠르게 태울 수 있게 도와줍니다. 미국 오하이오주립대학교의 연구에 따르면 자색옥수수의 안토시아닌 농도는 100g당 1,640mg으로 포도의 13배, 블루베리의 2배에 달한다고 합니다. 자색옥수수는 사과를 넣고 쪄서 먹으면 효과가 더 좋습니다.

옥수수를 찔 때 사과를 넣으면 옥수수의 단맛과 내장지방 제거 효과가 배가 됩니다. 옥수수를 찌는 물에 사과 1개를 잘라서 넣으면 사과의 펙틴 성분이 증기를 통해 옥수수에 스며들어 옥수수의 단맛이 증가합니다. 또한 펙틴 성분은 콜레스테롤 배출에 도움을 주어 옥수수의 내장지방 제거 효과를 더욱 높일 수 있습니다. 장내 환경을 개선하는 효과도 있으니 소화가 잘되지 않는 옥수수와 궁합이 아주 좋습니다.

옥수수를 찔 때 껍질째 찌면 수분 증발을 막아 부드럽고 연하게 먹을 수 있습니다. 강불에서 20~30분 동안 찐 후 약불에서 약 10분 동안 뜸을 들이면 맛과 향은 물론 식감도 아주 좋습니다.

NO!
이렇게 먹지 마세요

옥수수는 소화율이 낮아 과다 섭취하면 소화 장애를 일으킬 수 있습니다. 옥수수에는 다양한 영양소와 비타민이 포함되어 있지만, 필수아미노산 중 하나인 나이아신이 부족한 식품이기에 옥수수만 너무 과하게 섭취한다면 영양결핍이 발생할 수 있습니다. 또한 피부염이나 설사, 복통과 같은 위장 관련 질환이 발생할 수 있습니다. 적정 섭취량은 하루 1개 정도입니다.

일반적으로 과일이나 채소는 가공하거나 조리하면 영양소나 신선도가 떨어진다고 생각합니다. 하지만 옥수수는 고온에서 조리하면 특정 영양소의 증가로 암과 염증을 막을 수 있습니다. 미국 코넬대학교 연구팀은 옥수수를 고온에서 조리하면 암과 염증의 발생을 줄일 수 있는 페룰산이 증가한다는 사실을 밝혔습니다. 페룰산은 페놀성 화합물로 세포벽이나 불용성 섬유소와 결합한 상태로 존재하는 성분입니다.

옥수수를 115도의 끓는 물에 10분, 25분, 50분 동안 조리하였을 때 페룰산의 증가량을 확인해 보니, 10분 동안 조리하면 240%, 25분 동안 조리하면 550%, 50분 동안 조리하면 900%까지 증가하였습니다. 농촌진흥청에서도 이러한 사실을 확인하고 옥수수의 고온 조리는 항암, 항염증 등 각종 질병에 대응할 수 있다고 발표하였습니다. 고온 조리하면 비타민의 손실은 발생하겠지만 더욱 강력한 페룰산은 급격히 증가하니 가능하다면 끓는 물에 10분에서 최대 50분 동안 조리하세요.

우엉

효능	혈관 건강 / 항암 작용 / 염증 치료 / 뼈 건강	제철 시기	겨울

아삭한 식감이 매력적인 우엉은 1월~3월까지가 제철인 뿌리채소입니다. 우엉은 땅속 깊이 뿌리를 내려 미네랄과 각종 영양분을 흡수하여 뿌리 식물의 왕이라고 불립니다. 우엉에 풍부한 이눌린과 사포닌, 탄닌 등은 혈당, 혈관, 염증 제거, 뼈 건강 등 다양한 효능이 있습니다.

우엉에는 인삼의 대표 성분이라 할 수 있는 사포닌이 풍부하게 함유되어 있습니다. 사포닌은 혈관 내 해로운 독소와 노폐물을 배출하고 혈압을 낮춰 주어 혈관 건강에 도움을 줍니다.

《동의보감》에도 우엉은 오장의 독소를 제거한다고 기록되어 있을 정도로 몸속 이상세포의 대응에 큰 도움을 줍니다. 외부 세균이나 바이러스 등에 대항하는 면역력 강화는 물론 산삼에 견줄 만큼의 강력한 항암 효과를 자랑합니다.

YES! 이렇게 먹어요

우엉에 풍부한 칼슘과 마그네슘, 이눌린 등은 뼈 건강에 큰 도움을 줍니다. 칼슘은 인체에서 99%가 뼈와 이에 함유되어 있을 정도로 뼈 건강에 꼭 필요하며, 마그네슘은 뼈를 형성하는 세포의 활동을 돕습니다. 관절과 뼈 건강에 필수적인 영양소를 가지고 있는 우엉과 함께 멸치도 먹으면 좋습니다.

멸치는 뼈 건강에 좋은 대표적인 식품으로 100g당 496mg의 풍부한 칼슘이 함유되어 있는데, 다른 수산물에 비해 최대 20배가 넘는 양입니다.

하지만 단독으로 먹으면 흡수율이 낮아 직접적으로 영향을 미치기 어려운데, 이때 우엉과 멸치를 같이 먹으면 우엉의 이눌린이 장에서 칼슘 흡수율을 크게 높입니다. 추운 날씨에 약해질 수 있는 면역력을 향상해 주는 역할도 합니다.

+ 칼슘 함량 비교 – 멸치 496mg / 새우 196mg / 미역 149mg / 고등어 26mg

뼈 건강에 탁월한 우엉 멸치볶음

재료(4인분 기준)
- 우엉 300g
- 잔멸치 1컵
- 다진 마늘 1/2큰술
- 깨 약간

양념장
- 물 100mL
- 간장 3큰술
- 조청 3큰술
- 맛술 1큰술

1. 껍질을 벗긴 우엉은 먹기 좋은 크기로 길쭉하게 채를 썹니다.
   TIP_ 채를 썬 우엉을 식초 물에 담그면 변색을 막고 떫은맛도 제거됩니다.

2. 잔멸치를 물에 한 번 헹궈서 소금기와 이물질을 제거하고, 마른 팬에 살살 볶아 수분을 날립니다.

3. 양념장과 멸치가 준비되었다면 팬에 우엉과 다진 마늘 1/2큰술을 넣고 볶습니다. 우엉에 남아 있던 수분이 날아가면 준비한 양념장을 골고루 붓습니다.
   TIP_ 양념장은 잘 타기 때문에 불의 세기는 약불로 조절하세요.

4. 양념장이 거의 졸아들 때쯤 볶아 놓은 멸치를 넣고 버무리듯이 빠르게 볶습니다. 양념이 골고루 섞였다면 불을 끄고 깨를 솔솔 뿌려서 완성합니다.

**NO!
이렇게 먹지 마세요**

우엉은 찬 성질을 가지고 있습니다. 저혈압과 손발이 찬 수족냉증을 앓고 있다면 과다 섭취 시 설사나 복통을 유발할 수 있습니다. 우엉 뿌리는 천연 이뇨제로 신장이 좋지 않은 사람도 주의해야 합니다.

여름이 되면 다이어트를 위해 말린 우엉으로 우엉차를 우려 마시는 사람이 많이 있습니다. 하지만 우엉차를 과하게 섭취하면 신장에 무리를 줄 수 있고 간 수치를 높이는 원인이 되기도 합니다.

우엉차를 마실 때 철분과 함께 마시면 약효를 감소시킬 수 있으니 주의하세요.

우유

| 효능 | 뼈 건강 / 두뇌 건강 / 불면증 감소 | 제철 시기 | 상시 |

일상생활에서 쉽게 접할 수 있는 우유는 고소하고 부드러운 맛으로 많은 사람의 사랑을 받고 있습니다. 우유에 포함된 영양분 중에는 단백질, 지방, 칼슘, 리보플라빈, 니아신, 비타민 A 등 우리 인체를 구성하는데 필수적인 성분들이 들어 있어 남녀노소 모두에게 유익한 식품입니다.

**YES!
이렇게 먹어요**

강황과 함께 먹어요

우유와 강황을 같이 먹으면 강황 속 커큐민의 체내 흡수율을 크게 높일 수 있습니다. 커큐민은 강력한 항산화 물질로 염증 억제는 물론 항암 효과도 뛰어납니다. 미국 사우스캐롤라이나대학교의 연구에 따르면 식품과 염증 반응에 대한 1,943개의 자료를 분석한 결과, 강황의 항염증 수치는 -0.785로 항염증 효과가 가장 우수하며, 100g당 21g의 식이섬유도 함유되어 있어 그 효능을 극대화할 수 있습니다. 여러 연구에 따르면 강황의 커큐민은 정상 세포에는 전혀 독성이 없으면서 암세포만 자멸하도록 유도하여 암 발생 위험을 낮춥니다. 하지만 강황의 커큐민은 지용성이기에 그냥 먹으면 그 흡수율이 매우 낮습니다. 그래서 강황과 우유를 같이 먹으면 우유의 지방 성분으로 커큐민의 체내 흡수율이 증가하여 건강상 이점을 높일 수 있습니다. 또한 강황의 매운맛을 우유가 덮어 주기 때문에 먹기에도 아주 편합니다. 우유 1컵에 강황 1작은술을 넣고 기호에 따라 계핏가루를 살짝 추가하면 아주 좋습니다.

토마토와 함께 먹어요

토마토와 우유를 같이 먹는다고 하면 잘 어울릴 것 같지 않지만 이 둘의 궁합은 아주 좋습니다. 토마토는 우유와 상호보완적인 관계로 서로의 영양소 손실을 막고 흡수율은 높여 주기 때문입니다. 토마토에 함유된 비타민 K는 우유에 풍부한 칼슘이 체외로 빠져나가는 것을 막아 줍니다.

그래서 비타민 K와 칼슘이 만나면 뼈와 근육에 칼슘을 효과적으로 전달하여 뼈와 관절 건강에도 큰 도움을 줄 수 있습니다. 또한 우유에 풍부한 유지방은 토마토의 항산화 성분인 라이코펜의 체내 흡수율을 높여 줍니다.

토마토를 갈아서 마실 때 우유를 추가해도 좋고, 토마토를 먹을 때 우유를 1잔씩 마시면 좋습니다.

감자와 함께 먹어요

우유와 감자를 같이 먹으면 피부 건강은 물론 면역력 강화에도 큰

도움을 줍니다. 우유에는 거의 모든 종류의 비타민이 함유되어 있지만 딱 하나 비타민 C의 함량은 낮은 편입니다. 이때 감자를 같이 먹는다면 감자가 부족한 비타민 C를 보충해 영양적인 상호보완이 가능합니다. 스웨덴을 비롯한 유럽에서는 감자와 우유를 같이 먹는 것이 생활화되었으며 감자 우유 또한 인기가 아주 많습니다. 일반적으로 비타민 C는 열을 가하면 쉽게 파괴되지만, 감자의 비타민 C는 열을 가해도 손실이 적기 때문에 우유와 함께 수프로 끓여서 먹어도 좋습니다. 삶은 감자를 먹을 때 우유를 한 모금씩 마신다면 목 막힘도 해결하고 맛도 좋아지니 꼭 같이 먹어 보세요.

NO!
이렇게 먹지 마세요

홍차와 함께 먹지 마세요

플라보노이드가 풍부한 홍차는 혈류를 개선하고 심장병 예방에 도움을 줍니다. 하지만 홍차에 우유를 섞어 마시는 밀크티는 건강에 악영향을 줄 수 있습니다. 홍차의 플라보노이드와 우유의 단백질인 카세인이 만나면 체내에서 침전물이 형성되고, 홍차의 탄닌은 우유의 칼슘 흡수를 방해하고 배설을 부추기기 때문입니다. 유럽심장저널의 보고서에 따르면 우유가 홍차의 심혈관 기능 개선 효과를 방해한다는 연구 결과도 있으니, 홍차와 우유는 각각 따로 마시는 것이 좋습니다.

시금치와 함께 먹지 마세요

시금치가 들어간 음식을 먹고 우유를 마시는 행동은 건강에 좋지 않습니다. 알칼리성 식품인 시금치는 우유의 영양소 흡수를 방해하며, 시금치의 옥살산 성분도 우유의 칼슘을 배출합니다. 또한 칼슘과 옥살산은 체내에서 불용성 물질을 생성하여 소화불량을 일으킬 수 있습니다. 이런 물질들이 계속해서 생성되면 결석이나 담석증까지 일으킬 수 있습니다.

자두

| 효능 | 혈당 관리 / 뼈 건강 / 눈 건강 / 빈혈 예방 / 면역력 강화 | 제철 시기 | 여름 |

새콤달콤한 자두는 더위가 시작되면 찾는 사람들이 많아지는 여름철 대표 과일입니다. 《동의보감》에도 자두는 갈증을 멎게 하고 열독과 치통을 없애며 장염을 낫게 한다고 기록되어 있습니다. 자두에 풍부한 각종 비타민과 미네랄은 피로 회복과 면역력 향상은 물론 다양한 건강상 이점들이 있습니다. 자두는 철분 함량이 높아 빈혈과 갱년기 증상 완화에 좋은 과일입니다. 풍부한 철분은 적혈구 내 헤모글로빈을 구성하며, 적혈구 생산을 도와 빈혈을 예방해 줍니다. 또한 여성호르몬인 에스트로겐 분비를 증가시켜 우울감이나 무기력, 안면 홍조 등 갱년기 증상 완화에도 도움을 줍니다.

**YES!
이렇게 먹어요**

호두와 함께 먹어요

자두는 혈당 상승을 억제하고, 당화혈색소 수치를 낮춰 당뇨병 환자의 혈당 개선에 도움이 됩니다. 대한당뇨병학회의 자료에 따르면 자두에 풍부한 파이토케미컬인 폴리페놀은 혈중 총콜레스테롤 수치와 동맥경화 지수를 낮춰 당뇨병 합병증인 고지혈증을 개선하는 효과도 있다고 합니다. 또한 자두의 폴리페놀을 지속적으로 섭취하면 당뇨병과 그 합병증의 발생 위험을 낮출 수 있다고 강조하였습니다. 당뇨병과 합병증의 예방과 개선에 도움이 되는 자두와 같이 먹으면 효과를 극대화할 수 있는 음식은 바로 호두입니다. 호두는 100g당 65g의 불포화지방산을 함유하고 있으며, 혈중 콜레스테롤을 감소시키는 필수지방산으로 당뇨병 예방과 치료에 효능이 좋은 것으로 알려져 있습니다.

자두의 폴리페놀은 지용성으로 기름에 조리하거나 지방이 함유된 음식과 같이 먹으면 흡수율을 극대화할 수 있습니다. 자두를 호두와 같이 먹는다면 자두의 폴리페놀과 호두의 불포화지방산이 만나 각각의 효능은 물론 폴리페놀의 흡수를 극대화하여 당뇨병을 예방하고 개선하는데 탁월한 효과가 있습니다. 주스로 갈아서 마시면 자두의 새콤달콤한 맛과 호두의 고소한 맛이 조화를 이루어 영양과 맛도 아주 좋습니다.

두유와 함께 먹어요

자두에는 뼈 건강에 좋은 비타민 K와 폴리페놀이 풍부합니다. 비타민 K는 뼈가 만들어지는 대사를 촉진해 골밀도를 높여 줍니다. 높아진 골밀도는 골다공증 예방은 물론 손상된 뼈 회복에도 많은 도움을 줍니다. 또한 폴리페놀은 뼈를 파괴하는 파골세포의 수를 줄여 전반적인 뼈 건강과 뼈의 질 향상에 효과적입니다. 이렇게 뼈 건강에 매우 좋은 자두의 이점을 극대화하기 위해서는 자두를 먹을 때 두유를 함께 마시면 좋습니다.

두유는 가공 공정에서 이소플라본을 잃지 않는 유일한 콩 가공식품으로, 이소플라본과 칼슘이 풍부해 뼈 대사에 좋은 영향을 줍니다. 이소플라본은 골밀도를 유의적으로 향상시키며, 칼슘은 뼈를 구축

하고 유지하는 것을 돕기 때문입니다. 자두에 풍부한 비타민 K는 뼈를 만드는 조골세포에서 오스테오칼신을 합성하여 칼슘이 뼈에 잘 결합하도록 돕습니다.

비타민 K가 부족할 경우 오스테오칼신의 생성에 문제가 생기고 이로 인해 뼈의 칼슘이 혈액으로 빠져나갑니다. 그래서 칼슘과 비타민 K를 함께 먹는 것이 뼈 건강에 가장 좋습니다. 두유의 칼슘을 자두의 비타민 K가 뼈에 잘 흡수되도록 합니다. 자두를 먹을 때 두유를 한 모금씩 마시거나 자두와 두유를 같이 갈아서 마시면 뼈 건강을 지키는데 큰 도움을 줄 수 있습니다.

NO!
이렇게 먹지 마세요

달고 맛있는 자두를 고르기 위해서는 가장 먼저 눈으로 봤을 때 껍질에 윤기가 나고 하얀 가루가 많이 덮인 것이 좋습니다. 표면에 묻은 하얀 가루를 농약이나 당이 아닌 과실 표면에 붙어 있는 과분으로 자연적으로 만들어지는 식물의 보호막이라 할 수 있습니다. 이 과분은 잘 익은 과일 표면에 많이 생성되므로 농장에서도 수확의 기준으로 보고 있습니다.

또한 자두 표면에 주근깨처럼 점들이 많으면 당도가 높은 자두입니다. 사람과 마찬가지로 자두도 햇볕을 많이 받으면 주근깨가 생깁니다. 햇빛을 충분히 보고 자란 자두는 전체적으로 골고루 익고 당도가 높아지니 참고하세요. 그래서 자두 표면에 작은 점들이 없고 너무 매끈하다면 자연 상태에서 햇빛을 충분히 보지 못한 자두이니 이런 자두는 고르지 않는 것이 좋습니다.

잡곡밥

| 효능 | 혈관 관리 / 혈당 관리 / 독소 배출 | 제철 시기 | 상시 |

흰쌀밥은 여러 번의 도정 과정을 거쳐 영양분은 상대적으로 적고, 탄수화물의 함량이 많습니다. 그래서 그냥 흰 쌀밥을 먹기보다는 보리나 현미, 수수, 기장과 같은 잡곡을 섞어서 먹는 것이 건강에 큰 도움을 줍니다. 우리가 매일 먹는 쌀밥은 pH가 5.8로 산성 식품에 속합니다. 건강한 몸은 약알칼리성으로, 산성 식품을 자주 먹으면 체질이 산성으로 기울어져 면역력 약화와 각종 질병의 위험이 커집니다.

산성 식품을 자주 먹으면 우리 몸은 뼛속의 칼슘을 이동시켜 칼슘으로 몸이 산성화되는 것을 막으려고 하는데, 이런 과정에서 뼈에 칼슘이 부족해지면서 골밀도가 낮아지고 염증이 발생하여 뼈와 관절 건강에 악영향을 줄 수 있습니다. 그래서 우리가 매일 먹는 밥만큼은 산성이 아닌 알칼리성으로 먹는 것도 건강을 위해 좋습니다.

YES! 이렇게 먹어요

소금을 넣고 밥을 하세요

밥을 알칼리성으로 만들기 위해서는 밥을 지을 때 소금을 넣어 줍니다. 산성을 띠는 흰쌀에 잡곡을 섞으면 pH가 6.6으로 올라 약산성을 띠게 되며, 밥맛과 질감도 좋아집니다. 여기에 잡곡밥 4인분 기준 천연소금을 1/2작은술만 넣어 주면 pH가 7~8로 올라가 알칼리성 밥으로 변합니다. 밥에 바로 넣기보다는 밥물에 잘 녹여서 사용하면 소금이 뭉치지 않고 맛있게 먹을 수 있습니다. 잡곡밥을 지을 때 소금을 넣으면 밥이 더욱 부드러워지고 맛도 훨씬 좋아지니 꼭 활용해 보세요.

미역국과 함께 먹어요

미역은 칼로리는 매우 낮고 비타민과 무기질은 아주 풍부합니다. 미역의 각종 영양소 함량은 일반 채소보다 훨씬 뛰어나 바다의 채소로 불릴 정도입니다. 특히 미역에 풍부한 요오드와 칼슘 성분은 혈액의 생성과 뼈 건강에 큰 도움을 주어 중, 장년층에 꼭 필요합니다.

미역의 끈끈한 점성 물질인 알긴산은 몸 안에 쌓인 중금속과 나트륨은 물론 발암물질까지 흡착하여 몸 밖으로 배출시킵니다. 또한 아침에 먹는 미역국은 혈관을 깨끗하게 청소하는 역할도 합니다. 미역에 함유된 후코이단은 혈관 속 콜레스테롤과 찌꺼기를 제거하고 혈관과 혈액을 맑게 합니다. 국제학술세미나 자료에 따르면 미역의 이런 성분들은 혈액 속 활성산소 생성을 억제하고, 활성산소를 제거하는 효소를 활성화해 혈액을 맑게 한다고 합니다. 아침 식사로 잡곡밥과 함께 미역국을 먹는다면 독소는 배출하고 혈액은 깨끗하게 지킬 수 있습니다.

+ 미역의 요오드는 방사성 요오드 치료를 받는 사람이 아니라면 과섭취만 주의하고 특별히 제한할 필요는 없습니다.

무볶음과 함께 먹어요

무에 풍부한 디아스타아제와 아밀라아제 등은 소화에 탁월한 효능이 있습니다. 이 성분들은 위의 부담을 덜어 주고 위 점막을 보호하여 속을 편안하게 만듭니다. 이런 작용들은 위의 염증과 위궤양 예

방에 도움을 주며, 증상 개선 효과도 있습니다.

무에 풍부한 페루오키스타세는 자는 동안 몸에 쌓인 노폐물을 배출하여 신진대사 활성화에 도움을 줍니다. 한국식품연구원의 자료에 따르면 무에 함유된 유효 성분들은 대장 염증을 완화하며, 풍부한 섬유소와 수분은 장내 노폐물 제거에 도움을 준다고 합니다. 아침 식사로 잡곡밥과 함께 무 볶음을 반찬으로 먹는다면 속은 편안하고 노폐물은 깨끗하게 제거될 것입니다.

NO!
이렇게 먹지 마세요

잡곡밥은 흰쌀밥보다 꼭꼭 씹어먹어야 소화가 잘됩니다. 그래서 치아가 좋지 않거나 소화력이 떨어지는 사람이 잡곡밥을 먹으면 소화에 어려움을 겪을 수 있습니다. 이때 잡곡을 갈아 부드러운 죽 형태로 먹으면 소화에 부담을 덜어 줍니다. 특히 노인들은 본인의 건강 상태에 따라 잡곡의 정도를 조절하는 것이 필요합니다.

소화 기능이 성인만큼 발달하지 않은 6세 미만의 아이들은 잡곡을 완전 분해하지 못해서 영양분을 제대로 섭취하지 못할 가능성이 있습니다. 그로 인해 성장 부진이 나타날 수 있으니 6세 미만의 어린이는 잡곡밥을 피하고, 6세 이후부터 서서히 잡곡의 비중을 늘려서 먹는 것이 좋습니다.

쪽파

| 효능 | 당뇨병 개선 / 골다공증 예방 / 항암 효과 / 구강 건강 | 제철 시기 | 가을 |

쪽파는 김치나 전, 무침 등 다양하게 활용되는 채소로 오래전부터 많은 사람이 즐겨 먹어 온 식재료입니다. 쪽파에는 비타민 A와 C 등의 각종 비타민과 철분, 폴리페놀 등 영양소가 풍부해 건강에도 많은 도움을 줍니다.

쪽파의 알싸한 맛을 내는 알리신은 각종 혈관 질환을 예방하는데 도움을 주며, 중성지방과 콜레스테롤을 낮추고 혈전의 생성도 막아 고혈압이나 동맥경화 등 각종 혈관 질환을 예방합니다. 쪽파의 칼륨도 몸속의 나트륨과 노폐물 배출에 도움을 주어 혈관을 더 건강하게 유지해 줍니다.

YES!
이렇게 먹어요

쪽파와 김을 같이 먹으면 항암 효과를 크게 높일 수 있는데, 쪽파와 김에 풍부한 플라보노이드와 유기유황, 포피란 때문입니다. 먼저 쪽파에 함유된 플라보노이드는 활성산소 제거에 도움을 주어 암 발생과 증식을 억제합니다. 미국 오레곤주립대학교의 연구에 따르면 플라보노이드가 암 유발 화합물을 해독시키는 특정 효소의 생산을 증가시켜 암세포 제거에 도움을 주고, 암의 전이를 저해한다고 밝혔습니다.

하지만 쪽파의 플라보노이드는 두꺼운 세포벽에 둘러싸여 있어 그냥 먹으면 흡수율이 5%도 되지 않습니다. 이때 쪽파를 끓는 물에 살짝 데치면 세포벽이 약해지면서 플라보노이드의 체내 흡수율이 증가합니다. 또한 데친 쪽파를 김과 같이 먹으면 항암 효과를 더욱 높일 수 있습니다. 특히 위암과 대장암을 비롯해 각종 소화기 계통 건강에 큰 도움을 줍니다.

김에만 들어 있는 식이섬유의 일종인 포피란은 위 점막의 손상을 막아 주고, 장의 활동을 원활하게 도와줍니다. 포피란은 유독 성분이 장내에 흡수되는 것을 막아 암의 발병률을 크게 낮춥니다. 쪽파의 플라보노이드가 암 유발 물질을 해독하고, 김의 포피란이 혹시 모를 유독 성분의 흡수를 막아 주기 때문에 항암 효과를 극대화할 수 있습니다.

암세포를 녹이는 쪽파 김무침

재료(2인분 기준)
○ 쪽파 200g
○ 생김 4장
○ 깨 약간

양념장
○ 국간장 1/2큰술
○ 액젓 1/2큰술
○ 매실액 1큰술

1. 먼저 김은 기름을 두르지 않은 프라이팬에 앞뒤로 굽고, 구운 김을 비닐봉지에 넣어 잘게 부숩니다.
   TIP_ 만지면 쉽게 바스러질 정도로 바싹 구워야 합니다.

2. 깨끗하게 씻은 쪽파를 먹기 좋은 크기로 자릅니다.
   TIP_ 한입에 먹을 수 있게 4~5cm 길이로 썹니다.

3. 물이 끓으면 소금을 1큰술 넣고, 오래 데쳐야 하는 두꺼운 쪽파 머리 부분을 먼저 넣고 10초 동안 데칩니다.
   TIP_ 소금을 넣는 이유는 쪽파의 비타민 C 공기 산화를 방지하고 색감을 잘 살리기

○ 다진 마늘 1/2큰술
○ 참기름 1큰술

때문입니다.

4. 그다음 줄기 부분을 넣고 20초 동안 추가로 데칩니다. 데친 쪽파는 차가운 물에 바로 넣어 열기를 식히고, 꾹 눌러서 물기를 짜 줍니다.
TIP_ 쪽파를 비틀어서 짜면 조직이 망가져 아삭함이 사라지니 비틀지 말고 눌러서 짜 줍니다.

5. 쪽파에 준비한 양념장을 넣어 조물조물 무치고, 준비한 김을 넣고 다시 한번 살짝 버무립니다. 마지막으로 깨를 솔솔 뿌려 맛과 영양이 가득한 쪽파 김무침 완성입니다.

NO!
이렇게 먹지 마세요

쪽파의 알리신은 혈액 응고를 막아 혈전 생성을 억제하지만, 수술을 앞두거나 항응고제를 복용 중이라면 섭취에 주의하세요. 쪽파는 매운 향과 맛을 가지고 있어서 평소 위궤양이나 위염 등의 질환이 있다면 과다 섭취를 피하고, 하루 적정 섭취량인 200g 이하로 섭취하세요.

참외

| 효능 | 항암 효과 / 노폐물 배출 / 염증 완화 | 제철 시기 | 여름 |

날이 더워지면 나오기 시작하는 참외는 향긋하고 달콤한 맛이 일품인 과일로, 무더운 여름 더위에 지친 몸의 피로 회복에도 좋습니다. 참외는 유명한 알칼리성 과일로 풍부한 수분과 함께 단백질, 칼슘, 비타민 등이 함유되어 있습니다.

참외에 풍부한 칼륨은 이뇨 작용을 촉진해 체내 노폐물 배출에 큰 도움을 줍니다. 참외 1개에는 약 340mg의 칼륨이 함유되어 있습니다. 짜게 먹는 것이 익숙한 우리나라 사람들에게 나트륨을 포함한 노폐물 배출은 큰 고민거리 중 하나입니다. 참외에 풍부하게 함유된 칼륨이 나트륨 배출을 촉진해 혈압이나 부종에도 좋은 영향을 줍니다. 참외는 하루에 1~2개 정도 먹는 것이 좋습니다.

YES! 이렇게 먹어요

대표적인 알칼리성 과일인 참외는 몸의 산성화를 방지하여 염증 완화에 큰 도움을 줍니다. 또한 참외 껍질과 꼭지에 풍부한 쿠쿠르비타신도 염증 억제에 탁월한 효능이 있습니다. 국제약리학회지의 자료에 따르면 쿠쿠르비타신이 체내에서 염증을 유발하는 사이토카인의 생성을 억제하여 염증 예방과 개선에 효과적입니다. 염증을 막아 주는 참외는 그냥 먹어도 맛있지만 참외청을 만들어 먹으면 그 효능을 극대화할 수 있습니다.

참외와 계피, 꿀을 이용해서 만든 참외청은 한 번 만들어 놓으면 1년 내내 먹을 수 있습니다. 계피는 한의학에서 염증 처방 약재로 쓰일 만큼 항균과 항염 작용이 우수합니다. 또한 꿀에는 플라보노이드와 페놀 화합물 같은 항산화 물질들이 가득해 활성산소 제거와 해독 작용을 돕습니다. 그래서 참외와 계피, 꿀이 만나면 면역력 향상은 물론 몸속 염증 완화에도 효과가 있습니다.

염증 완화에 효과적인 참외청

재료
- 참외 3개
- 꿀 3컵
- 계핏가루 3큰술

1. 참외 세척을 위해 물 1L에 밀가루 3큰술을 풀고, 참외 껍질과 주름 사이에 있는 잔류 농약이나 이물질 제거를 위해 3분 동안 담가 둡니다.
   TIP_ 밀가루의 고운 입자는 흡착력이 강력하여 잔류 농약 제거에 가장 효과적입니다.

2. 3분이 지나고 흐르는 물에 참외를 2~3차례 헹구면 껍질까지 먹을 수 있는 깨끗한 참외 세척이 끝납니다. 잘 씻은 참외는 반으로 잘라 씨를 뺍니다.
   TIP_ 씨가 있으면 금방 상할 수 있기 때문에 오래 보관하려면 씨를 제거합니다.

3. 얇게 썬 참외는 병에 넣고 계핏가루 3큰술도 넣습니다. 계핏가루를 한 번에 다 넣기보다는 참외 사이사이에 골고루 뿌려 주고 꿀 3컵을 천천히 부어 잘 섞이도록 젓습니다.
TIP_ 계핏가루 대신 통계피를 사용해도 좋습니다.

4. 이렇게 완성된 참외청은 뚜껑을 덮고 냉장고에서 2일 동안 숙성시킵니다. 숙성이 끝나도 계속 냉장 보관하며 하루 2큰술씩 물에 타서 낮에 마십니다.
TIP_ 참외의 비타민과 엽산 등은 아미노산 대사에 도움을 주어 낮에 먹는 것이 이용률이 더 높습니다.

NO! 이렇게 먹지 마세요

우리 몸에 칼륨이 부족하면 쉽게 피로해지고 무기력해지는 증상이 생깁니다. 건강을 위해 칼륨의 섭취는 필수이지만 주의가 필요한 사람도 있습니다. 혈전 형성을 막는 항응고제를 섭취하고 있다면 참외처럼 칼륨 함량이 높은 과일의 섭취는 주의가 필요합니다. 항응고제와 칼륨이 만나면 혈액 응고를 촉진하는 비타민 K가 증가하여 부작용이 나타날 수 있습니다.

당뇨병 환자는 참외의 과당으로 인해 혈당이 높아질 수 있으니 주의하세요. 신장 질환이 있는 경우에도 신장을 통해 배출되는 칼륨은 부담이 될 수 있습니다. 그뿐만 아니라 칼륨 함량이 많은 과일이나 채소를 많이 먹으면 혈청 칼륨 농도가 높아져 심장에 무리가 가고 부정맥과 같은 심장 질환으로 이어질 수도 있기 때문에 관련 질환을 가지고 있다면 하루에 참외는 1/2개 이내로 섭취하길 추천합니다.

청경채

| 효능 | 염증 감소 / 골다공증 예방 / 면역력 강화 | 제철 시기 | 봄 |

아삭한 식감의 청경채는 십자화과 채소 중 하나로 쌈이나 샐러드, 샤브샤브 등 다양한 요리에 활용됩니다. 풍부한 비타민과 미네랄의 훌륭한 공급원으로 칼슘과 철분, 아연, 마그네슘 등 다양한 성분을 함유하고 있습니다.

청경채에 함유된 풍부한 폴리페놀은 염증을 줄이는데 효과적입니다. 또한 청경채는 불필요한 염증의 위험을 줄이는데 도움이 되는 비타민 K도 함유하고 있습니다. 염증은 많은 질병의 근본 원인이 되므로 건강한 식재료를 꾸준히 섭취하여 미리 예방하는 것이 좋습니다.

청경채는 베타카로틴과 비타민 A, 비타민 C를 풍부하게 함유하고 있어 면역체계 향상에 도움을 줍니다. 청경채를 꾸준하게 섭취하면 신진대사 기능을 촉진하고 세포 기능의 향상을 도와주기 때문에 감기나 각종 질병으로부터 면역력을 높이는 효과가 있습니다.

YES! 이렇게 먹어요

청경채에 풍부한 칼슘과 철, 인, 비타민 K 등은 모두 뼈 건강에 도움을 줍니다. 칼슘은 물론 철과 인도 뼈 건강의 핵심 영양소입니다. 청경채에 풍부한 비타민 K는 이런 영양소들의 흡수를 도와 골밀도를 강화하고 뼈 건강을 지켜 줍니다. 국내 연구자료에 따르면 청경채와 같은 십자화과 채소를 꾸준히 섭취하면 뼈의 회전율과 소변을 통한 칼슘 손실이 감소하여 골밀도 향상과 함께 골다공증 예방에 도움을 주는 것으로 나타났습니다. 뼈 건강에 좋은 청경채도 두부와 같이 볶아 먹으면 그 효능을 더욱 높일 수 있습니다.

두부는 칼슘도 풍부하지만, 이소플라본이 가득한 음식으로 뼈 손상을 늦추고 새로운 뼈조직의 생성을 돕습니다. 두부의 이소플라본 역시 청경채에 풍부한 칼슘의 흡수를 도와 뼈와 치아 건강에 큰 도움을 줍니다. 청경채의 비타민 K와 두부의 이소플라본은 모두 지용성으로, 기름에 조리해야 그 효능을 극대화할 수 있습니다. 따라서 청경채와 두부를 같이 볶아서 먹으면 두 가지 영양소의 흡수를 높여 칼슘을 고스란히 뼈에 전달할 수 있습니다.

골다공증 예방에 탁월한 두부 청경채볶음

재료(2인분 기준)
- 청경채 3포기(200g)
- 두부 1/2모
- 대파 1줌
- 식용유 3큰술

양념장
- 간장 2큰술
- 매실액 2큰술
- 다진 마늘 1큰술
- 참기름 1큰술
- 물 2큰술

1. 청경채를 흐르는 물에 깨끗하게 씻은 후 채반에 받쳐 물기를 빼고 한 입에 먹기 좋은 크기로 자릅니다.

2. 두부는 키친타월로 물기를 최대한 뺀 후 1cm 두께로 두툼하게 자르고 기름을 두른 팬에 노릇노릇하게 구워서 미리 준비합니다.

3. 식용유 3큰술을 두른 팬에 파 1줌을 볶고 어느 정도 익었으면 구운 두부와 손질한 청경채를 넣고 양념장을 부어서 같이 볶습니다.
   TIP_ 기호에 따라 소금이나 후추로 간을 맞추세요.

4. 청경채의 숨만 죽을 정도로 살짝 볶으면 맛있는 청경채볶음 완성입니다.

**NO!
이렇게 먹지 마세요**

청경채는 찬 성질의 식재료로 위가 약하거나 소화력이 떨어지는 사람, 평소 손발이 차거나 몸이 찬 사람은 섭취를 주의합니다. 또한 위장 장애가 있는 사람은 설사, 복통, 구토, 두통 증상을 유발할 수 있으니 주의가 필요합니다.

또한 청경채는 칼륨이 다량 함유되어 있으므로 신장이 좋지 않다면 하루 적정량 3포기(200g) 이하로 먹기 바랍니다.

청경채의 찬 성질을 보완하기 위해 청경채는 생으로 섭취하지 말고, 튀기거나 찌거나 볶아 찬 성질을 완화하여 먹으면 좋습니다.

체리

| 효능 | 통증 완화 / 불면증 해소 / 대장암 예방 | 제철 시기 | 여름 |

새콤달콤한 맛과 예쁜 색은 물론 퀘르세틴과 안토시아닌 등 영양소도 풍부합니다. 체리에 풍부한 안토시아닌은 아스피린보다 10배나 높은 소염 효과를 가지고 있으며 꾸준히 먹으면 소염 진통제인 이부프로펜을 먹은 것처럼 통증이 줄어든다는 연구 결과도 있습니다. 관절염 등의 염증을 줄이고, 근육통과 같은 신체 통증을 완화하는 효과가 있습니다. 체리에 풍부한 멜라토닌은 불면증의 특효약으로, 뇌의 내부 분비선에서 생성되는 호르몬으로 생체리듬을 조절하고 수면을 유도합니다. 체내에서는 극소량만 분비되는 호르몬이지만, 체리 100g에는 멜라토닌이 7mg이나 함유되어 있어 불면증이 있다면 체리가 도움이 됩니다.

YES!
이렇게 먹어요

체리에 풍부한 쿼르세틴은 천연 항산화제로 활성산소를 제거하는 데 큰 효과가 있습니다. 이는 세포 산화를 억제하여 우리 몸의 면역력 강화 등 건강에 많은 도움을 줍니다. 특히 쿼르세틴은 대장암을 예방하고 개선하는데 탁월한 효과가 있는 것으로 알려져 있습니다. 미국 존스홉킨스대학교의 연구팀에 따르면 쿼르세틴이 대장암의 원인이 되는 대장 용종의 수와 크기를 줄일 수 있다고 합니다. 체리를 꾸준히 섭취한 사람은 먹지 않은 사람에 비해 대장암 발병 위험이 절반으로 줄었다고 합니다. 쿼르세틴의 흡수율을 극대화하기 위해서는 브로멜라인이라는 성분이 필요합니다.

파인애플에 풍부한 브로멜라인은 쿼르세틴의 체내 흡수율을 도와 효능을 더욱 끌어올릴 수 있게 합니다. 그래서 체리를 파인애플과 같이 먹는다면 쿼르세틴의 흡수율을 극대화할 수 있으며, 대장암 예방은 물론 장 건강과 여름철 원기 회복에도 좋으니 체리와 파인애플을 함께 먹어 보세요.

NO!
이렇게 먹지 마세요

건강을 위해 체리를 먹는다면 단맛보다는 신맛이 강한 체리를 고릅니다. 시고 쓰지만 영양 성분들이 훨씬 풍부해 건강에 더 도움이 됩니다. 체리를 고를 때는 과실이 크고 단단하며 윤기가 나는 체리를 고르고, 벌레가 먹지 않은 꼭지가 신선한 것을 선택합니다.

체리는 섬유질이 많아 급하게 많이 먹으면 배에 가스가 차거나 복부 팽만감이 생길 수 있습니다. 또한 산도가 높아 과다 섭취하면 속쓰림 증상이 나타날 수 있으니 주의하세요. 체리의 하루 적정 섭취량은 10~15개입니다.

취나물

| 효능 | 간 건강 / 혈관 질환 예방 / 결석 예방 / 눈 건강 | 제철 시기 | 봄 |

취나물은 '산나물의 왕'이라 불리며 향긋한 향과 뛰어난 맛을 자랑하는 국화과 채소입니다. 4월~5월까지가 제철인 취나물은 뛰어난 약용 성분으로 한약재로도 사용되고 있습니다.

취나물에 고루 함유된 비타민 C와 비타민 B1, B2 등은 간 기능 개선에 도움을 주며, 간세포의 활성화를 돕고 간의 피로를 풀어 줍니다. 간의 피로 회복에도 도움을 주며 과음으로 인한 숙취 해소에도 좋은 효과가 있습니다.

취나물에 풍부한 칼륨은 혈관 속 나트륨을 외부로 배출시키는 역할을 합니다. 또한 혈압 조절에도 도움을 주어 고혈압과 같은 혈관 질환을 예방하는데 뛰어난 효능이 있습니다. 풍부한 식이섬유와 베타카로틴은 혈관 속 노폐물을 제거하여 혈전 생성을 억제하기도 합니다.

YES! 이렇게 먹어요

취나물에 풍부한 칼슘과 폴리페놀, 식이섬유 등은 건강에 큰 도움을 줍니다. 특히 100g당 241mg의 풍부한 칼슘은 달래나 냉이 등 다른 봄나물에 비해 훨씬 풍부하여 뼈 건강에 매우 좋습니다. 그리고 취나물에는 비타민 K까지 함유되어 있어 칼슘이 뼈에 잘 흡수되도록 돕고, 뼛속 칼슘이 빠져나가는 것을 막아 줍니다. 이렇게 몸에 좋은 취나물도 먹을 때 한 가지 주의할 점이 있는데, 바로 수산이 풍부하다는 것입니다. 취나물에 풍부한 수산은 몸속에서 칼슘과 만나면 불용성 수산칼슘으로 결합하여 쉽게 분해되지 않습니다. 이 성분은 소화불량을 유발하고, 몸에 쌓이면 신장이나 요로 등에 결석이 생길 가능성이 매우 높아집니다.

취나물을 씻어서 생으로 무쳐서 많이 먹는데, 앞으로는 생으로 먹을 때 주의가 필요합니다. 취나물을 가장 안전하고 맛있게 먹기 위해서는 잘 데친 후 참깨를 듬뿍 뿌려서 먹는 것입니다. 수산은 물에 녹는 수용성이며 열에 약하기 때문에 취나물을 끓는 물에 데치면 수산이 약 50%까지 줄어듭니다.

하지만 완전히 사라지는 것은 아니기 때문에 참깨를 추가하는 것이 좋습니다. 참깨에는 필수아미노산이 풍부한데, 그중 리진이 결석을 방지하고, 취나물에 부족한 지방과 비타민 B를 보충해 영양적으로도 좋은 조합이라 할 수 있습니다. 또한 지용성인 베타카로틴 등의 흡수율을 높여 줍니다.

결석 걱정이 전혀 없는 취나물무침

재료(2인분 기준)
- 취나물 300g
- 참기름 1큰술
- 액젓 1큰술
- 다진 마늘 1/2큰술
- 깨 2큰술

1. 취나물은 잘 다듬은 후 흐르는 물에 충분히 씻고, 소금을 넣은 끓는 물에 줄기부터 천천히 넣습니다.
   TIP_ 식초나 밀가루를 사용하면 더욱 깨끗하게 씻을 수 있어요.
   TIP_ 데칠 때 소금을 넣으면 취나물의 색을 선명하게 지켜 주고 비타민 C의 손실도 줄일 수 있습니다.

2. 줄기 부분을 30초 동안 데친 후 잎 부분까지 모두 넣어 1분 동안 추가로 데친 후 찬물에 헹궈 열기를 식혀 물기를 꼭 짜 줍니다.

3. 취나물은 먹기 좋게 4~5cm 길이로 썰고, 억센 부분은 제거하세요.

4. 손질이 끝난 취나물과 준비한 양념을 볼에 모두 넣고 골고루 무쳐 깨를 뿌리면 취나물무침 완성입니다.
   TIP_ 기호에 따라 양파나 팽이버섯을 추가해도 좋습니다.

NO! 이렇게 먹지 마세요

취나물 잎은 연녹색이면서 시든 부분이 없고 뒷면에 윤기가 흐르는 것이 좋습니다. 잎의 생김새가 전반적으로 고르고 줄기 끝에 붉은빛이 감돌면서 취나물 특유의 향이 퍼지는 것을 골라야 합니다. 잎이 뻣뻣한 것보다는 부드러운 것이 먹기에 편합니다. 장기 보관을 하려면 삶거나 말려서 보관하세요.

취나물은 따뜻한 성질을 가지고 있어 몸에 열이 많다면 주의하며 하루 적정 섭취량은 200g 이하입니다.

커피

| 효능 | 활성산소 제거 / 염증 감소 | 제철 시기 | 상시 |

많은 사람이 즐겨 마시는 커피는 하루 1~2잔씩 적당량 마시면 건강에 많은 도움을 줍니다. 커피에는 칼슘, 인, 철, 나트륨, 칼륨 등의 무기질과 비타민 B, B2, 니아신 등의 수용성 비타민 이외에 카페인, 탄닌 등의 폴리메놀 화합물 등 다양한 생리 활성 물질들이 함유되어 있습니다.

커피 속에 풍부한 각종 항산화 성분들은 활성산소를 제거하고, 이상세포의 발생을 억제합니다. 미국 하버드대학교의 연구에 따르면 남녀 20만 명을 30년 동안 추적 분석한 결과, 커피를 마시면 산화 방지와 체내 염증 감소 효과가 있어 커피를 마시지 않는 사람보다 사망률이 낮았다고 밝혔습니다.

YES! 이렇게 먹어요

강황과 함께 먹어요

커피와 강황은 어울릴 것 같지 않지만 의외로 잘 어울리는 조합입니다. '강황 라떼'라는 이름으로 젊은 세대를 중심으로 전 세계적으로 큰 인기를 끌고 있는 커피로, 미국 텍사스주립대학교의 연구에 따르면 강황에 풍부한 커큐민은 부작용 없이 염증을 억제하는 효과가 있는 것으로 밝혀졌습니다.

강황은 수천 년 전부터 인도 전통 의학에서는 치료 목적으로 사용되었을 정도로 효능이 뛰어납니다. 커피의 쌉쌀한 맛과 강황의 매운맛은 의외로 잘 어울리니 한번 먹어 보세요.

+ 강황 라떼는 따뜻한 우유 200mL에 강황가루 1작은술, 후추 1꼬집, 꿀 1큰술 넣어 완성합니다.

계피와 함께 먹어요

계피는 세계 3대 향신료 중 하나로 커피에 타서 마시면 색다른 맛을 즐길 수 있습니다. 계피는 혈당 조절에 도움을 주기 때문에 콜레스테롤, 중성지방과 혈당 수치를 낮춥니다.

미국 컬럼비아대학교의 연구에 따르면 계피는 염증 관련 질병의 발생 위험을 낮추고 불필요한 염증을 예방한다고 밝혔습니다.

+ 커피 1잔에 계피 1/2작은술 정도를 추가하면 맛과 향이 풍부해집니다.

NO! 이렇게 먹지 마세요

초콜릿과 함께 먹지 마세요

달콤한 초코쿠키와 부드러운 초코케이크는 커피와 먹으면 너무 맛있는 음식 중 하나입니다. 하지만 이런 초콜릿 식품과 커피를 같이 먹는다면 카페인의 과다 섭취 위험이 있습니다. 한국소비자원의 자료에 따르면 상당수의 초콜릿 가공 제품에는 많은 함량의 카페인이 함유되어 있어 커피와 함께 먹는다면 하루 카페인 권장량을 훌쩍 넘길 수 있습니다.

미국심장학회지에 따르면 카페인의 과다 섭취는 심장박동 증가는 물론, 심할 경우 부정맥으로 인한 심장마비도 올 수 있다고 경고하고 있습니다. 따라서 건강한 사람도 커피와 초콜릿 식품을 같이 먹는 행동은 주의가 필요합니다.

술과 함께 먹지 마세요

음주 후 텁텁한 입을 헹구기 위해 시원한 커피를 마시는 사람들이 많습니다. 하지만 술을 마시고 커피를 마시면 카페인과 이뇨 작용이 더해져 수분은 부족하고, 알코올 농도는 더욱 짙어지게 됩니다. 커피를 마시면 각성 효과 때문에 술이 깨는 듯한 착각이 들 수 있지만, 이는 몸을 더욱 힘들게 만드는 것입니다.

알코올로 인해 위벽이 손상되는데 여기에 커피가 더해지면 위에 더욱 부담됩니다. 또한 음주 후에는 위와 식도의 괄약근 기능이 많이 떨어지는데, 여기에 커피가 더해진다면 역류성 식도염의 위험도 커집니다. 그래서 술을 마실 때 커피 대신 물이나 껌으로 입가심을 하는 것이 좋습니다.

콜라비

| 효능 | 항암 효과 / 혈관 질환 예방 / 면역력 강화 / 다이어트 | 제철 시기 | 봄 |

브로콜리, 케일 등과 같은 십자화과에 속하는 콜라비는 독특한 생김새와 맛을 가진 채소입니다. 콜라비에는 각종 비타민과 칼슘, 철, 칼륨 등의 영양소가 풍부합니다. 콜라비는 고혈압 및 동맥경화 등 각종 혈관 질환을 예방하는데도 뛰어난 효능이 있는데, 칼륨이 혈관 속 나트륨과 노폐물을 외부로 배출시켜 주기 때문입니다. 콜라비의 안토시아닌은 자외선에서 세포를 보호하기 위해 생성되는 천연 색소로, 나쁜 콜레스테롤(LDL) 수치를 낮춰 혈관 건강에 좋습니다. 콜라비에는 비타민 C가 사과보다 약 10배 이상 많으며, 신진대사를 원활하게 하고 외부 세균이나 바이러스 등에 대항하는 면역력을 강화합니다. 콜라비는 양배추보다 열량이 낮고 식이섬유는 1.5배나 많은 다이어트 식품입니다.

YES!
이렇게 먹어요

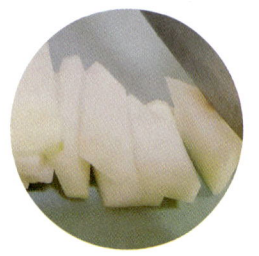

콜라비에 함유된 글루코시놀레이트는 양배추, 브로콜리 등 십자화과 채소를 씹거나 소화할 때 생성되는 식물화학물질의 일종으로, 콜라비에는 무의 29배에 달할 정도로 매우 풍부합니다. 미국 존스홉킨스대학교의 연구에 따르면 글루코시놀레이트에서 분해되는 물질들이 암세포의 성장을 억제하고, 사멸을 촉진해 강력한 항암 작용을 한다고 합니다. 방광암, 유방암, 간암 등 각종 암은 물론 심혈관 질환, 당뇨병 예방에도 효과적이라는 사실이 여러 실험을 통해 증명되었습니다. 강력한 항암 작용을 하는 콜라비를 더욱 효과적으로 먹는 방법은 우유와 함께 갈아서 먹는 것입니다.

항암 작용을 하는 글루코시놀레이트는 콜라비를 씹거나 자르는 등 손상시켰을 때 나오는 식물의 유액에서 생성됩니다. 즙이 될 때까지 여러 번 씹는 것이 아니라면 콜라비는 갈아서 먹는 것이 가장 효과적입니다.

우유는 콜라비와 함께 먹으면 칼슘의 흡수율을 높이고 소화를 도와주기 때문에 궁합이 매우 좋습니다. 콜라비는 피부 건강과 변비 예방, 뼈 건강에도 좋습니다.

+ 콜라비를 살짝 찌면 더 부드럽고 소화 효소도 활성화되기에 쪄서 갈아 주세요.

NO!
이렇게 먹지 마세요

콜라비에 함유된 글루코시놀레이트는 요오드 섭취를 방해하기 때문에 갑상선 질환이 있다면 섭취에 주의하세요. 콜라비에는 식이섬유가 풍부하여 대장 속 박테리아가 좋아하기 때문에 소화 과정 중 가스가 많이 발생합니다. 콜라비의 하루 적정 섭취량은 100g 이하입니다.

콜라비는 크기가 클수록 껍질 조직이 단단하고 식감이 딱딱하여 손질이 어렵습니다. 그래서 테니스공 크기 정도의 콜라비를 고르는 것이 좋습니다. 껍질에 반점이나 균열이 있는 것은 피하고 잎은 보송보송하며 녹색이 짙은 것이 좋습니다.

콜라비는 잎을 제거하면 조금 더 오래 보관할 수 있습니다. 콜라비잎을 제거한 후 비닐 팩에 하나씩 포장하고 잘 묶어 개별 포장한 후 냉장고에 냉장 보관하면 1주일 정도 싱싱하게 보관할 수 있습니다. 콜라비는 냉동 보관도 가능한데, 껍질을 벗긴 콜라비를 얇게 썬 다음 끓는 물에 데쳐 줍니다. 데친 콜라비를 찬물에 담가서 식혀 주고 물기를 제거한 뒤 밀폐용기에 담아 냉동 보관합니다.

콩나물

| 효능 | 숙취 해소 / 뇌 건강 / 고혈압 예방 | 제철 시기 | 상시 |

콩나물은 콩을 발아시켜 재배한 콩 채소로 국과 무침 등으로 많이 먹는 국민 식재료 중 하나입니다. 콩나물은 자라면서 내부 대사로 인해 지방은 줄어들고 섬유소와 비타민은 크게 증가합니다. 《동의보감》에도 콩나물은 온몸이 무겁거나 저리고, 근육과 뼈가 아플 때 치료제로 쓰인다고 기록되어 있을 정도로 건강에 좋습니다.

콩나물 뿌리에 풍부한 아스파라긴산은 숙취 해소에 좋기로 유명합니다. 아스파라긴산이 강한 독성의 알코올 대사 산화물인 아세트알데히드를 제거하기 때문입니다. 콩나물에 아스파라긴산이 100g당 1,100mg이 함유되어 있어 예로부터 숙취 해소의 대명사로 불리고 있습니다. 음주로 인해 숙취가 심할 때 뿌리까지 통째로 넣은 따뜻한 콩나물국은 해장에 큰 도움이 될 것입니다.

YES! 이렇게 먹어요

콩나물에 풍부한 레시틴과 GABA는 뇌세포의 활성화와 뇌 기능 퇴화를 막아 줍니다. 레시틴은 뇌세포 간의 신경전달물질인 아세틸콜린의 주원료로 뇌 기능을 활성화합니다. 또한 GABA는 콩 상태일 때는 없지만 콩나물로 자라면서 다량 합성되는 물질입니다. GABA는 뇌 혈류 개선과 산소 공급 증가, 뇌세포 대사를 촉진하여 기억력 증진과 치매 예방에 아주 효과적입니다.

뇌세포를 활성화하여 치매 예방에 도움을 주는 콩나물도 그냥 먹으면 그 효능을 발휘하기 어렵습니다. 특히 콩나물국을 끓일 때 콩나물을 5분 이상 끓이면 대부분의 유효 성분들이 파괴됩니다. 그래서 콩나물과 국물을 따로 끓이는 것이 가장 좋으며, 콩나물국에 들기름을 추가한다면 치매 예방 효과를 더욱 높일 수 있습니다.

들기름은 식물성 기름 중 오메가3 지방산의 일종인 알파리놀렌산을 가장 많이 함유하고 있으며, 뇌에서 치매 유발 물질인 베타아밀로이드를 분해하여 치매 예방과 치료에 도움을 줍니다. 부산대학교 등의 연구에 따르면 여러 종류의 식물성 기름을 실험한 결과 들기름이 인지능력 손상을 가장 효과적으로 개선하였다고 밝혔습니다. 또한 콩나물에 함유된 레시틴은 기름에 녹는 지용성으로 들기름과 함께 섭취하면 그 흡수율이 크게 증가합니다.

뇌세포를 살리는 콩나물국

재료(3인분 기준)
- 콩나물 150g
- 다진 마늘 1/2큰술
- 대파 1/2줌
- 물 1L
- 다시마 1조각
- 들기름 2큰술
- 소금 약간

1. 먼저 끓는 물에 콩나물을 넣고 뚜껑을 연 상태로 40초 동안 삶습니다. 40초가 지나면 콩나물을 뒤집어서 20초 동안 더 삶고 찬물에 바로 헹굽니다.

    TIP_ 콩나물을 끓는 물에 1분 이상 삶으면 콩나물 속 단백질과 비타민, 칼륨 등의 영양소가 손실되므로 1분 이하로 삶는 것이 좋습니다.
    TIP_ 삶은 콩나물은 찬물에 헹궈야 콩나물 조직이 응집하여 아삭한 식감은 살고 영양소 파괴는 최소화할 수 있습니다.

2. 육수를 만들 냄비에 물 1L를 붓고 다시마 1조각을 넣어 끓이다가 물이 끓으면 다시마를 건져내고 다진 마늘 1/2큰술과 소금 2~3꼬집으로 간을 하고, 들기름 2큰술을 넣고 잘 섞습니다.

TIP_ 다시마가 없다면 국물용 멸치를 10마리 정도 넣어도 좋습니다.
TIP_ 들기름을 넣으면 고소한 향은 추가되고 콩나물에 남아 있을지 모를 비린내는 잡아 줍니다.

3. 1분 동안 더 끓이다가 불을 끄고 썰어 놓은 대파를 넣습니다. 파는 마지막에 넣어 맛과 향을 살리는 것이 좋습니다.

4. 미리 삶아 놓은 콩나물 위에 국물을 부어서 먹는다면 깔끔하고 고소한 맛과 영양이 가득한 콩나물국이 완성됩니다.

NO! 이렇게 먹지 마세요

사용하고 남은 콩나물은 대부분 비닐이나 지퍼백에 담아서 냉장 보관합니다. 아무리 공기를 빼고 밀봉을 잘했다고 해도 콩나물은 금방 시들시들해집니다. 콩나물을 신선하게 보관하기 위해서는 수분 공급과 공기 차단이 중요합니다. 그래서 남은 콩나물은 비닐이 아닌 밀폐용기에 담아두는 것이 좋습니다.

남은 콩나물은 흐르는 물에 가볍게 씻어 이물질과 껍데기를 골라낸 후 밀폐용기에 콩나물이 너무 눌리지 않게 담고 콩나물이 잠길 만큼 물을 부어 줍니다. 물을 부어 주면 콩나물의 수분이 빠지는 것과 산소와의 접촉을 막아 싱싱함이 오래갑니다. 밀폐용기 담은 콩나물과 물은 냉장 보관하면서 이틀에 한 번 정도 물만 갈아 준다면 열흘이 지나도 처음 상태 그대로 유지할 수 있습니다.

키위

| 효능 | 면역력 강화 / 장 건강 개선 / 눈 건강 / 항암 효과 | 제철 시기 | 봄 |

새콤달콤하고 맛있는 키위는 비타민 C가 풍부한 과일 중 하나입니다. 미국 농무부의 자료에 따르면 키위 100g에는 161mg의 비타민 C가 함유되어 있으며, 이는 레몬의 3배, 오렌지의 6배에 달하는 양입니다. 그뿐만 아니라 키위에는 칼륨과 펙틴, 구연산 등 다양한 영양소가 풍부해 건강에 많은 도움을 줍니다.

키위에 풍부한 식이섬유와 비타민 C는 신체 면역력을 강화하는데 도움을 줍니다. 키위의 식이섬유는 장내 유익균의 먹이로 작용해 유익균의 성장을 촉진하고 장내 환경을 근본적으로 개선합니다. 면역세포의 70% 이상이 분포하는 장내 환경이 개선되면서 전반적인 면역력이 높아지게 됩니다. 또한 키위에 풍부한 비타민 C는 체내 활성산소 제거와 항산화 효과로 면역력을 높여 주니 하루 1~2개씩 키위를 꾸준히 먹으면 좋습니다.

YES!
이렇게 먹어요

키위는 비타민 C의 보고라 불리며 각종 항산화 성분도 풍부한 과일입니다. 특히 키위에 풍부한 퀘르세틴은 항산화 작용과 항염증, 항암 효과에 탁월한 영양소입니다. 영국 식품연구소에 따르면 퀘르세틴은 동맥경화증을 유발하는 만성 염증 예방에 효과적이며 혈관 내부에 지방과 콜레스테롤이 쌓이는 것을 막아 줍니다. 또한 미국 국립아마연구소에 따르면 퀘르세틴이 발암물질의 활성을 억제하고 암세포의 효소 작용을 저해한다고 밝혀 항암 효과도 입증하였습니다.

키위에 풍부한 퀘르세틴을 빠짐없이 섭취하기 위해서는 키위를 껍질째 먹는 것이 좋지만, 껍질의 까슬까슬한 잔털이 있어서 껍질째 먹는 것이 생소할 수 있습니다. 하지만 키위의 잔털은 가시처럼 딱딱하지 않아 쉽게 제거할 수 있습니다. 전남대학교와 성신여자대학교의 연구에 따르면 키위 껍질에는 키위 과육보다 약 50배나 많은 퀘르세틴이 함유되어 있다고 합니다.

키위의 잔털을 제거하기 위해 흐르는 물에 씻은 키위를 식초 희석한 물에 1분 정도 담갔다가 깨끗한 수세미나 칼 뒷날로 살살 문질러 주면 잔털이 쉽게 제거됩니다. 잔털이 제거된 키위는 사과 껍질과 비슷한 느낌으로, 까슬까슬하거나 쓰지 않고 맛있습니다.

키위는 사자마자 바로 먹으면 단맛보다는 신맛이 훨씬 강합니다. 그 이유는 수확하고 유통하는 과정에서 키위가 물러지지 않도록 온도 관리를 하기 때문입니다. 잘 익은 키위가 아니라면 키위는 후숙시켜 먹는 것이 좋습니다. 키위를 손으로 살짝 쥐었을 때 복숭아 정도로 말랑하다면 잘 익은 상태입니다.

키위가 많이 남았거나 나중에 먹고 싶다면 냉장 보관하세요. 키위는 수분을 제거하고 키친타월을 깐 밀폐용기에 너무 붙지 않게 넣어 주고, 밀폐용기를 이용해서 층층이 키위를 넣어 냉장 보관하면 신선하게 1개월까지 보관할 수 있으니 참고하세요.

+ 후숙 기간을 단축하고 싶다면 잘 익은 사과나 바나나와 함께 밀폐용기에 넣어 주세요. 익은 과일에서 생성되는 에틸렌 가스가 키위 숙성을 촉진합니다.

**NO!
이렇게 먹지 마세요**

키위는 알레르기를 일으키기도 합니다. 알레르기 반응이 있는 사람은 목이 까끌까끌하고 화한 느낌을 받을 수 있으니, 본인 체질에 따라 먹기를 추천합니다. 굳이 섭취해야 한다면 그린키위보다는 골드키위가 알레르기 유발 물질이 적은 편입니다.

또한 키위에는 옥살산이라는 독성 성분이 함유되어 있습니다. 옥살산은 특히 신장에 해로운 성분으로 요로결석을 일으키기도 합니다. 덜 익은 키위에 옥살산 함량이 높으니 잘 익혀서 먹고, 신장에 질환이 있는 분은 과다 섭취를 하지 않도록 합니다.

키위는 하루에 2개 정도만 먹어도 대부분 영양소를 골고루 섭취할 수 있으니 맛있게 잘 익은 키위 2개 정도만 꾸준히 먹어 보세요.

토마토

효능	항암 효과 / 골다공증 개선 / 소화 촉진 / 피로 개선	제철 시기	여름

토마토는 과일과 채소의 특성을 모두 갖춘 세계 10대 슈퍼푸드이자 양파, 양배추와 더불어 세계 3대 채소로 꼽히며 전 세계적으로 사랑 받는 식재료입니다. 토마토에 풍부한 라이코펜과 각종 비타민은 항산화 효과가 뛰어나고 항암 작용 등 건강에 많은 도움을 줍니다.

토마토에 함유된 비타민 K는 체내 칼슘이 몸 밖으로 배출되는 것을 방지해 줍니다. 밀가루 음식이나 가공식품 등 산성 식품을 많이 먹으면 우리 몸은 항산성에 의해 칼슘을 배출시키는데, 토마토는 항산성을 방지하여 칼슘의 흡수를 도와 뼈를 튼튼하게 만드는 역할을 합니다. 그로 인해 골다공증 개선이나 칼슘 흡수율 증가 등 뼈 건강에 좋습니다.

YES! 이렇게 먹어요

토마토에 풍부한 라이코펜과 베타카로틴은 항암 효과가 우수하며, 붉은색의 라이코펜은 우리 몸에서 노화를 유발하는 산화 물질을 제거하고, 암세포를 성장시키는 조절 인자를 억제하여 암세포의 파괴를 돕습니다. 또한 베타카로틴은 강력한 항산화 물질로 우리 몸의 독성 물질과 발암물질을 무력화시켜 세포의 손상을 방지합니다.

하지만 이 두 성분은 모두 지용성으로 토마토를 그냥 먹으면 흡수율이 10%도 되지 않습니다. 토마토를 기름에 볶아서 먹어야 체내 흡수율을 최대 8배까지 높일 수 있습니다.

또한 토마토를 볶을 때 달걀과 브로콜리를 같이 넣는다면 항암 효과를 더욱 높일 수 있습니다. 달걀노른자에 풍부한 콜린은 세포막을 형성하고 콜레스테롤 수치를 조절하여 혈압 관리와 함께 항암 효과를 높여 줍니다. 또한 브로콜리의 설포라판과 인돌은 암세포와 싸우는 면역 효소를 활성화해 암세포를 만드는 염증 반응을 억제합니다. 토마토와 달걀, 브로콜리를 같이 볶아서 먹으면 각 성분의 흡수율 증가는 물론 항암 효과를 극대화할 수 있습니다.

암세포를 억제하는 토마토 브로콜리볶음

재료(2인분 기준)
- 토마토 2개
- 브로콜리 1줌
- 달걀 4개
- 다진 마늘 1/2큰술
- 식용유 적당량
- 소금 약간

1. 달걀 4개는 소금 2~3꼬집으로 간을 하며 잘 풀고, 잘 씻은 토마토와 브로콜리는 먹기 좋은 크기로 자릅니다.
   TIP_ 너무 작게 자르면 볶는 과정에서 부서질 수 있으니 한입 크기로 자릅니다.

2. 팬에 식용유를 두르고 다진 마늘 1/2큰술을 넣어 볶다가 약불로 줄이고 달걀물을 부어 스크램블을 만듭니다. 젓가락으로 저으며 몽글몽글하게 만들고 살짝 익힙니다.

TIP_ 마늘이 달걀과 토마토의 잡내를 잡아 더 맛있게 먹을 수 있습니다.

3. 스크램블이 50% 정도 익었다면 브로콜리와 토마토를 넣고 1~2분 동안 같이 볶습니다. 토마토가 물러지지 않게 살살 저어주는 것이 좋습니다.

4. 달걀, 토마토, 브로콜리가 모두 익었다면 불을 끄고 참기름을 살짝 둘러 맛있는 토마토 브로콜리 볶음 완성입니다.

NO!
이렇게 먹지 마세요

토마토는 맛있고 영양가 풍부한 채소지만 금방 무르고 상한다는 단점이 있습니다. 그래서 토마토 보관법이 무엇보다 중요합니다.

토마토는 실온 보관이 원칙입니다. 덜 익은 토마토를 실온 보관 후 붉게 익으면 섭취하세요. 자연에서 갓 수확한 토마토를 실온에 두고 먹는 것이 영양 손실이 적으며 토마토의 좋은 효능도 풍부하고 맛도 좋습니다. 꼭지를 제거하거나 씻지 않은 채로 통풍이 잘되는 그늘진 곳에 2~3일 정도 두면 알맞게 익습니다.

붉게 익은 토마토를 냉장 보관하면 토마토의 맛과 향이 감소하며 껍질이 쪼글쪼글하고 질겨지는 현상이 나타납니다. 그러나 실온에 오래 보관하면 많이 익고 상하기 때문에 적당히 익었을 때 냉장 보관해야 합니다.

토마토를 냉장 보관할 때는 토마토의 꼭지를 제거하고 흐르는 물에 씻습니다. 토마토 꼭지는 곰팡이가 잘 생기기 때문에 미리 제거하는 것이 좋습니다. 씻은 토마토의 물기를 제거하고 토마토가 서로 맞닿지 않게 키친타월로 감싼 후 밀폐용기에 보관하면 2주 정도 냉장 보관이 가능합니다.

팽이버섯

| 효능 | 심혈관 질환 예방 / 염증 완화 / 면역력 강화 | 제철 시기 | 여름 |

팽이버섯은 각종 요리에 다양하게 활용되는 친근한 식재료입니다. 식이섬유가 풍부하면서 가격 또한 저렴하여 많은 사람이 즐겨 먹습니다. 팽이버섯에는 각종 비타민을 비롯해 베타글루칸과 키토산 등이 풍부해 건강에 도움을 줍니다.

팽이버섯의 풍부한 식이섬유는 혈중 콜레스테롤 수치 감소와 혈액 순환 개선에 도움을 줍니다. 이런 작용들은 동맥경화 등 심혈관 질환 예방에 효과적입니다. 풍부한 칼슘은 혈관 속 노폐물을 외부로 배출하는데 도움을 줘서 고혈압 예방에도 좋습니다. 또한 철분이 풍부해서 빈혈 예방 효과도 있으니 꾸준히 먹는 것이 좋습니다.

YES! 이렇게 먹어요

팽이버섯에 풍부한 베타글루칸과 키토산, 식이섬유 등은 콜레스테롤 조절뿐만 아니라 항염증에도 효과가 뛰어납니다. 베타글루칸과 키토산은 백혈구 수치를 올려 면역 기능을 활성화하고 염증과 콜레스테롤 수치를 줄이는 역할을 합니다. 또한 팽이버섯에 가득한 식이섬유는 지질과 당 대사를 개선하여 항염증 효과에 도움을 줍니다.

팽이버섯을 염증 억제가 뛰어난 강황과 함께 먹으면 항염 효과를 극대화할 수 있습니다. 강황의 주성분인 커큐민은 활성산소 제거 효과가 뛰어나 항암 효과와 치매 예방은 물론 염증 억제에도 탁월한 효능이 있습니다. 미국 사우스캐롤라이나대학교에 따르면 식품과 염증 반응에 대한 연구 결과, 1,943개의 식품 중 강황의 항염증 효과가 가장 우수하며 두 번째는 식이섬유라고 밝혔습니다. 강황의 항염증 효과는 -0.785로 마늘의 1.9배, 양파보다는 2.6배나 높은 수치였습니다.

또한 식이섬유가 풍부한 대표 식품인 팽이버섯은 강황과 음식 궁합도 잘 맞고, 항염증 효과에서 좋은 효과를 낼 수 있습니다. 강황이 팽이버섯의 식이섬유와 만나면 소화 흡수되는 과정에서 위와 장에 머무는 시간이 길어져 그만큼 천천히 효과적으로 사용될 수 있습니다.

염증 제거에 큰 도움을 주는 강황 팽이버섯전

재료(2인분 기준)
- 팽이버섯 1봉지(100g)
- 달걀 3개
- 대파 1/2줌
- 강황 1/2큰술
- 식용유 적당량
- 소금 약간

1. 팽이버섯은 밑동을 잘라낸 후 흐르는 물에 빠르게 씻어 물기를 빼고, 2~3cm 길이로 먹기 좋게 썹니다.
   TIP_ 팽이버섯이 너무 길면 전을 구울 때 모양이 잘 잡히지 않으니 잘게 써는 것이 좋습니다.

2. 달걀 3개에 강황 1/2큰술과 대파 1/2줌을 넣어 잘 젓습니다. 소금을 2~3꼬집 넣어서 간을 맞추면 더욱 맛있게 먹을 수 있습니다.
   TIP_ 대파가 없다면 쪽파나 고추를 넣어도 좋습니다.

3. 재료가 잘 섞였다면 기름을 두른 팬에 한 수저씩 떠서 놓고, 중불에 부칩니다. 앞뒤로 노릇하게 부쳐 팽이버섯 강황전을 완성합니다.
   TIP_ 먹기 전에 후추를 살짝 뿌리면 후추의 피페린이 강황의 커큐민의 체내 흡수율을 최대 20배까지 높여 주니 꼭 후추를 뿌려서 먹어 보세요.

**NO!
이렇게 먹지 마세요**

팽이버섯은 칼륨이 많이 함유되어 있어 혈압을 낮추는 효능이 있습니다. 따라서 혈압약을 복용한다면 주의가 필요합니다. 또한 식이섬유가 많은 식품이라 과다 섭취 시 복통이나 설사를 유발할 수 있습니다. 팽이버섯은 하루 100g 정도 섭취하면 부작용 없이 즐길 수 있습니다.

팽이버섯은 주로 묶음으로 판매하기 때문에 먹고 남는 경우가 많습니다. 대충 비닐 팩에 담아 보관하면 물러지기 쉽습니다. 이때 남은 팽이버섯을 손질하여 냉동 보관하면 오래 두고 먹을 수 있을 뿐 아니라 영양적으로도 훨씬 좋은 효과를 발휘합니다.

팽이버섯은 버섯 중에서도 키토산이 가장 많이 함유되어 있는데, 냉동 후 사용하면 단단한 세포벽이 찢기면서 더 많은 키토산을 섭취할 수 있습니다. 앞으로는 먹고 남은 팽이버섯은 냉동 보관하여 사용하세요.

포도

효능	치매 예방 / 항암 효과 / 심혈관 질환 예방 / 혈당 관리	제철 시기	여름

포도는 달콤한 향과 맛이 좋은 대표적인 알칼리성 과일입니다. 포도를 규칙적으로 섭취하면 치매 예방과 집중력 향상에 도움이 됩니다. 미국 캘리포니아대학교의 연구팀에 따르면 포도의 꾸준한 섭취는 뇌의 혈액 운반을 원활하게 하여 치매를 예방한다고 합니다. 이는 포도의 폴리페놀이 뇌의 신진대사에 필요한 화학물질을 잘 전달하였기 때문입니다. 포도의 라스베라트롤은 항암 효과가 뛰어나며, 항산화 작용이 뛰어난 폴리페놀 계통으로 강력한 발암 억제 작용을 합니다. 기존의 화학 항암제와 같은 부작용이 없어 안심하고 먹을 수 있는 천연 항암제로 주목받고 있습니다. 경기도보건환경연구원의 실험에 따르면 라스베라트롤은 청색계보다는 흑색계 품종에 더 많다고 합니다.

YES!
이렇게 먹어요

사과와 함께 먹어요

포도에 풍부한 플라보노이드는 혈전이 생기는 것을 막아 주며, 혈액의 흐름을 원활하게 해 줍니다. 특히 포도 껍질에 많은 레스베라트롤은 강력한 항산화 효과는 물론 콜레스테롤을 흡착하여 혈관을 더욱 건강하게 만듭니다. 이러한 성분들로 포도의 섭취는 혈전의 생성을 억제하고 개선하는 효과가 있습니다.

포도만 먹어도 효과적이지만 사과와 같이 먹으면 혈전을 녹이는 효과를 극대화시킬 수 있습니다. 사과에 풍부한 쿼르세틴과 루틴도 혈전 방지에 아주 좋은 영향을 줍니다. 사과의 쿼르세틴과 포도의 카테킨을 함께 섭취하면 혈전 방지와 심혈관 건강을 지키는데 탁월한 효과가 있습니다. 미국 하버드의대 연구팀에 따르면 이러한 성분을 꾸준히 섭취하면 혈전을 생성하는 단백질 효소의 활동을 억제하는 효과가 여느 과일보다 뛰어나다고 합니다. 혈전으로 인해 발생하는 각종 혈관 질환의 예방에도 좋으니 포도와 사과는 같이 먹는 것을 추천합니다. 포도와 사과 모두 껍질에 좋은 성분이 풍부하니 껍질째 먹는 것이 좋습니다.

포도 줄기차로 마셔요

우리가 즐겨 먹는 포도는 껍질과 씨뿐만 아니라 줄기도 활용할 수 있습니다. 오히려 주로 먹는 포도 과육이나 씨, 껍질보다 포도송이 줄기에 엄청난 양의 영양이 숨어 있습니다. 보건환경연구원의 자료에 따르면 포도 부위별 레스베라트롤 함량 분석 결과, 포도송이 줄기에는 포도 씨나 껍질보다 약 17배나 많은 양이 함유되어 있다고 합니다.

레스베라트롤은 식물이 병충해와 같은 안 좋은 환경에 직면했을 때 스스로 만들어 내는 폴리페놀계의 강력한 항산화 물질로, 혈당을 감소시키고 제2형 당뇨병의 합병증 예방에 아주 효과적입니다. 영국 페닌슐라의대 연구팀에 따르면 포도에 자연 함유된 레스베라트롤이 고혈당에 의해 유발되는 세포 내 혈관 손상을 예방한다고 밝혔습니다. 그리고 레스베라트롤은 고밀도 지방 단백질을 증가시키며, 제2형 당뇨병의 인슐린 수치를 증가시키는 역할도 합니다.

이런 작용들은 고혈당을 감소시켜 세포 내 미토콘드리아 손상으로 시작되는 심장이나 망막, 신장 합병증을 막아 줍니다. 또 레스베라트롤은 다른 항산화 물질과는 달리 뇌와 신경계를 보호하는 효과가 있습니다.

포도송이 줄기차

재료(1L 기준)
○ 포도송이 줄기 1개
○ 물 1L

1. 포도를 다 먹고 난 후 줄기는 채반에 받쳐 3~4일 정도 말립니다.
2. 잘 마른 줄기는 손으로 꺾었을 때 쉽게 똑 부러질 정도이니 손이나 가위로 잘게 자릅니다.
3. 자른 줄기는 가열한 프라이팬에 약한 불로 약 5분 동안 볶아서 영양 성분이 잘 우러나도록 만듭니다.
4. 잘 볶은 줄기는 끓는 물 1L에 1줌 정도 넣고 10분 동안 끓이면 완성입니다.
   TIP_ 줄기만 끓여도 아주 맛있지만 좀 더 향긋한 차를 원하면 터지거나 무른 포도를 같이 넣고 끓이세요.

NO!
이렇게 먹지 마세요

포도는 조금만 관리가 소홀해도 금방 무르고 상하기 쉬운 과일입니다. 하지만 제대로 보관한다면 많은 양의 포도도 약 3주까지 신선하게 보관할 수 있습니다.

먼저 포도의 포장지를 벗겨 터지거나 상한 알을 제거해 줍니다. 그리고 포도 표면에 물기가 남아 있지 않도록 키친타월로 살살 닦아 주는데, 남아 있는 수분이 보관 중 포도를 무르게 하는 원인이기 때문입니다. 물기를 제거한 포도는 키친타월이나 신문지로 한 송이씩 감싸 줍니다. 그리고 지퍼백이나 밀폐용기에 포도가 겹치지 않게 펼쳐서 넣어 줍니다. 이렇게 포장한 포도는 냉장 보관하고, 나무에 달려 있을 때처럼 포도 꼭지가 위로 향하게 보관하면 좀 더 신선하게 보관할 수 있습니다. 수분과 공기를 차단한 포도는 시간이 지나고 먹어도 처음과 동일한 상태로 유지할 수 있습니다.

표고버섯

| 효능 | 항암 효과 / 고혈압 예방 / 피부 미용 | 제철 시기 | 봄 |

표고버섯은 느타리과에 속하는 버섯으로 우리나라에서 가장 인기가 많은 버섯 중 하나입니다. 향과 맛이 일품인 표고버섯은 볶음이나 탕, 부침 등 다양한 요리에 활용됩니다. 표고버섯에는 에리타데닌과 리놀렌산 그리고 각종 비타민이 풍부해 건강에도 많은 도움을 줍니다.

표고버섯에 풍부한 베타글루칸과 레티난, 비타민 D는 면역력 강화와 항암 작용에 탁월한 효능이 있습니다. 미국 식품의약국에서는 표고버섯을 10대 항암식품으로 선정하기도 했습니다. 특히 레티난은 암세포의 발생과 증식을 억제하여 대표적인 항암 성분으로 불립니다. 생표고버섯보다는 햇볕에 말린 것이 영양 면에서 더 좋습니다.

YES!
이렇게 먹어요

표고버섯에 풍부한 에리타데닌과 리놀렌산 등은 혈관을 깨끗하게 하는 효과가 있습니다. 미국심장학회에서는 좋은 콜레스테롤(HDL)은 높이고, 나쁜 콜레스테롤(LDL)은 낮추는 음식으로 표고버섯을 1위로 선정하였습니다. 이는 에리타데닌이 혈액 속의 콜레스테롤 대사를 촉진하여 몸 밖으로 배출시키며, 비타민 E와 리놀렌산 등의 항산화 성분도 도움을 주기 때문입니다. 이렇게 혈관을 깨끗하게 하고 혈관 건강에 도움을 주는 표고버섯을 더욱 효과적으로 먹으려면 표고버섯 밑동과 함께 차로 끓여 마시면 좋습니다.

한국 식품영양과학회지의 자료에 따르면 12주 동안 표고버섯차를 섭취한 실험군은 총콜레스테롤 수치와 나쁜 콜레스테롤(LDL), 중성지방 수치가 모두 감소하였다고 합니다. 표고버섯을 먹을 때 딱딱한 밑동은 제거하고 윗부분만 먹는데, 앞으로는 꼭 밑동까지 같이 활용하는 것을 추천합니다. 표고버섯 밑동에는 혈관 속 찌꺼기와 노폐물 배출에 도움을 주는 식이섬유가 집중적으로 함유되어 있기 때문입니다.

혈관 노폐물 제거에 좋은 표고버섯차

재료(2L 기준)
- 표고버섯 3~4개
- 물 2L

1. 물에 불린 표고버섯은 밑동을 포함하여 최대한 얇게 썹니다.
   TIP_ 혈관 청소와 콜레스테롤 강화에 좋은 에리타데닌은 수용성으로 물에 끓이면 흡수율이 증가합니다.

2. 끓는 물에 넣고 30분 이상 약한 불로 끓이기만 하면 표고버섯차 완성입니다.
   TIP_ 충분히 끓인 표고버섯의 식이섬유는 약 30%가 증가하며, 각종 영양소의 흡

수율 또한 더욱 높아집니다.
TIP_끓인 표고버섯은 건져서 초장에 찍어 먹거나 요리에 활용해도 좋습니다.

NO!
이렇게 먹지 마세요

표고버섯은 혈중 요산 수치가 높으므로 통풍 증상을 겪고 있다면, 먹을 때 주의하세요. 통풍은 혈액 속 요산의 농도가 높아지면서 요산염이 관절 부위에 침착되는 질병입니다. 요산은 퓨린이라는 물질을 인체가 대사하고 남은 산물로, 말린 표고버섯은 퓨린이 100g당 380mg으로 다량 함유하고 있어 통풍 증상을 더욱 악화시킬 수 있습니다.

또한 표고버섯을 오랜 기간 과다 섭취하면 소화불량, 복통 등의 증상이 나타날 수 있으며, 또한 피부가 예민하다면 간지럽거나 발진 등의 증상이 나타날 수 있습니다. 표고버섯은 하루 10g 정도, 표고버섯차는 2~3잔 정도 마시는 것을 좋습니다.

홍시

효능	면역력 강화 / 혈관 건강 / 눈 건강 / 숙취 해소	**제철 시기**	가을

달콤한 맛의 홍시는 가을의 대표적인 과일 중 하나입니다. 홍시는 떫은맛이 강한 생감을 숙성시킨 말랑말랑해진 감을 말합니다. 홍시는 단감에 비해 베타카로틴이 3.8배, 비타민 E는 1.7배 더 풍부합니다. 특히 홍시는 다른 과일에 비해 탄닌 함량이 더욱 높아 중성지방 분해와 해독 작용, 혈관 건강 등 건강상 이점도 많습니다. 홍시에 풍부하게 함유된 비타민 A는 눈의 피로를 풀어 주고, 시력을 보호하는데 뛰어난 작용을 하여 눈 건강 증진에 효과적입니다.

홍시에 고루 함유된 여러 비타민과 미네랄이 알코올의 빠른 분해를 돕고, 과음으로 인해 손상된 간의 빠른 회복을 도와 숙취를 해소하는데 뛰어난 효과가 있습니다. 또한 홍시에 풍부한 당질이 숙취로 인한 피로 회복이나 갈증 해소에도 큰 도움을 줍니다.

**YES!
이렇게 먹어요**

홍시에 풍부한 디오스프린이라는 탄닌은 혈관 건강에 큰 도움을 주며, 혈관 속 중성지방과 콜레스테롤을 흡착해 몸 밖으로 배출시키며, 모세혈관을 튼튼하게 합니다. 이런 작용들은 고혈압과 동맥경화 등 각종 혈관 질환을 예방합니다. 미국 국립보건원의 자료에 따르면 탄닌의 이런 작용들이 혈압을 내리고, 피를 맑게 하여 혈관 건강에 효과적이라고 밝혔습니다. 또한 염증을 없애는 소염작용도 뛰어나 피지 분비 조절에 도움을 주어 아토피나 여드름 등의 피부 질환에도 효과적입니다.

혈관과 피부 건강에 좋은 홍시를 더 효과적으로 먹으려면 우유와 함께 먹으면 좋습니다. 홍시와 우유, 꿀이 들어간 홍시 우유는 혈관 건강에 큰 도움을 줍니다. 우유에 풍부한 칼슘과 락툴로스는 혈관 세포를 이완시키고, 나쁜 콜레스테롤(LDL)의 배출을 돕습니다. 그래서 혈압을 낮추는 것은 물론 혈당이 빠르게 높아지는 것도 막아줍니다.

또한 같이 들어가는 꿀 역시 혈관 벽에 노폐물이 쌓이는 것을 막아 혈관 건강을 지켜 줍니다. 《동의보감》에도 비위와 소화기가 약한 사람이 감과 우유, 꿀을 섞어 먹으면 증세가 호전된다고 기록되어 있을 정도로 궁합이 아주 좋은 음식들입니다.

혈관 건강에 좋은 홍시 우유

재료(1잔 기준)
○ 홍시 1개
○ 우유 180mL
○ 꿀 1큰술

1. 홍시는 밀가루를 활용해 씻으세요. 밀가루를 사용하면 홍시 표면에 묻어 있는 이물질과 잔류 농약을 가장 안전하고 효과적으로 씻을 수 있습니다.

2. 씻은 홍시는 꼭지를 제거하고 반을 갈라 씨가 있다면 씨도 제거합니다.
   TIP_ 홍시 껍질에 탄닌이 더욱 풍부하니 껍질째 먹는 것이 가장 좋으며 기호에 따라 껍질을 벗기고 먹어도 좋습니다.

3. 손질한 홍시는 우유, 꿀과 함께 믹서기에 넣습니다.
   TIP_ 기호에 따라 꿀의 양을 조절하거나 요거트나 견과류를 추가합니다.

4. 모든 재료가 갈리도록 충분히 믹서기로 갈면 달콤한 홍시 우유 완성

입니다.
TIP_ 잘 갈리지 않으면 우유를 조금 더 추가합니다.

NO!
이렇게 먹지 마세요

홍시의 탄닌은 설사를 멎게 하는데 뛰어난 효능이 있지만 과다하게 섭취하면 오히려 변비 증상을 발생시킬 수 있습니다. 또한 홍시에는 당분이 많이 함유되어 있어서 과다 섭취 시 체중이 증가할 수 있으니 하루에 1~2개 정도만 먹기 바랍니다.

말랑한 홍시는 상온이나 냉장 보관하면 쉽게 상할 수 있습니다. 홍시를 오래 두고 먹을 수 있는 보관법은 냉동 보관입니다. 깨끗하게 홍시를 씻고 꼭지 부분을 제거합니다. 꼭지가 달린 부분은 벌레가 꼬이거나 더 쉽게 상하기 때문에 제거한 후 보관하는 것이 좋습니다. 달랑 꼭지만 제거하지 말고 꼭지 주변 부분도 깨끗하게 도려냅니다. 이렇게 준비된 홍시는 랩을 사용해 하나씩 포장해서 밀폐용기에 담아 보관합니다. 냉동 보관한 홍시는 1년 내내 두고 먹을 수 있는 훌륭한 간식입니다.

식탁 위 건강오름

펴낸날	초판 1쇄 2023년 8월 31일
	2쇄 2024년 7월 2일

지은이   김한열

펴낸이   강진수
편 집   김은숙, 설윤경
디자인   이재원

인 쇄   (주)사피엔스컬쳐

펴낸곳   (주)북스고   **출판등록** 제2017-000136호 2017년 11월 23일
주 소   서울시 중구 서소문로 116 유원빌딩 1511호
전 화   (02) 6403-0042   팩 스 (02) 6499-1053

ⓒ 김한열, 2023

- 이 책은 저작권법에 따라 보호를 받는 저작물이므로 무단 전재와 무단 복제를 금지하며,
  이 책 내용의 전부 또는 일부를 이용하려면 반드시 저작권자와 (주)북스고의 서면 동의를 받아야 합니다.
- 책값은 뒤표지에 있습니다. 잘못된 책은 바꾸어 드립니다.

ISBN   979-11-6760-052-3   13510

> 책 출간을 원하시는 분은 이메일 booksgo@naver.com로 간단한 개요와 취지, 연락처 등을 보내주세요.
> Booksgo는 건강하고 행복한 삶을 위한 가치 있는 콘텐츠를 만듭니다.